초등국어
독해력
사다리 ❸단계

초등국어 독해력 사다리 3 단계

지은이 고윤경
펴낸이 정규도
펴낸곳 (주)다락원

초판 1쇄 발행 2019년 5월 25일

책임편집 허윤영, 장의연
디자인 김나경
전산편집 최영란
일러스트 및 사진 김리나/shutterstock.com

다락원 경기도 파주시 문발로 211
내용문의 (02) 736-2031 내선 524
구입문의 (02) 736-2031 내선 250~252
Fax (02) 732-2037
출판 등록 1977년 9월 16일 제406-2008-000007호

Copyright ⓒ 2019, 고윤경

값 12,000원
ISBN 978-89-277 0097 5 64710
       978-89-277-0094-4 (세트)

http://www.darakwon.co.kr
다락원 홈페이지를 방문하시면 상세한 출판정보와 함께 다양한 혜택을 얻으실 수 있습니다.

17쪽, 정선 〈산수화〉 (출처: 국립중앙박물관)

초등국어 독해력 사다리 3^{단계}

고윤경 지음

다락원

"글을 어떻게 읽어야 할까?"

어릴 때는 책 읽기를 재미있어 해도 3학년쯤 되면 차츰 독서를 멀리하는 친구들이 많습니다. 책 대신 게임과 같은 다른 즐길 거리가 생기고, 학교 숙제나 학원 수업 때문에 여유 시간이 없는 등 여러 이유가 있지요. 게다가 학년이 올라갈수록 교과서나 추천 도서의 글이 길어지고 내용도 어려워지면서 책 한 권을 읽는 데 이전보다 더 많은 시간이 걸리게 됩니다. 이 때문에 독서 습관을 계속 유지하는 친구들과 그렇지 않은 친구들이 갈리게 되고, 독해 능력에서도 차이가 나기 시작합니다.

〈초등국어 독해력 사다리 3, 4단계〉를 집필하기 위해, 학생들이 초등학교 중학년이 되어 독서할 때 겪는 어려움이 어디에서 비롯되는지부터 고민하였습니다. 글의 양이 늘어나고 다루는 정보가 어려워지는 이유도 있겠지만, 무엇보다 갖고 있는 어휘와 배경지식이 충분하지 못한 것도 독해에 어려움을 낳습니다. 그래서 이 책은 교육과정과 교과서를 분석하여 학생들이 알아야 할 어휘와 배경지식을 선별하였고, 이를 지문으로 구성하여 독해 능력을 향상시킬 수 있도록 했습니다. 무엇보다 학생들은 재미가 없으면 잘 읽으려고 하지 않기 때문에 학생들이 일상생활에서 겪는 일, 학교에서 접하게 되는 일, 그리고 최근 사회적으로 관심을 끄는 내용을 글감으로 골라 지문을 썼습니다. 따라서 학생들은 흥미로운 글을 읽으면서 독해 기술을 차근차근 익히게 될 것입니다.

과학기술이 발전하면 인공지능이 어려운 두뇌 활동을 대신하기 때문에, 책을 읽거나 지식을 쌓을 필요가 없다고 생각하는 친구가 있을지도 모릅니다. 하지만 이것은 큰 착각입니다. 로봇이나 인공지능과 구별되는 인간의 능력이 바로 '질문하는 힘'과 '사랑하는 마음'이라고 합니다. 하나의 글을 읽고 꼬리에 꼬리는 무는 질문을 하는 것이 바로 창의력의 원천이 되며 이것이 새로운 미래를 만들어 가는 힘이 됩니다. 아울러 사회가 발전할수록 다른 사람을 배려하고 다른 사람의 생각에 공감하는 마음이 더욱 중요해집니다. 〈초등 국어 독해력 사다리〉는 학생들이 지문을 읽으면서 창의력과 공감 능력을 자연스럽게 기를 수 있도록 구성하고자 노력했습니다.

책을 집필하기 시작하여 마칠 때까지 예상보다 많은 시간이 걸렸습니다. 독해 기술에 맞는 지문을 고르고 가다듬는 작업을 꼼꼼하고 세심하게 진행해 준 다락원의 허윤영 차장님께 감사를 표합니다. 아무쪼록 이 책이 학생들에게 깊이 있는 독서로 나아가기 위한 기초를 닦는 디딤돌이 되었으면 좋겠습니다.

2019년 5월
고윤경

★ 어떻게 **읽을까**

책을 펼치면 먼저 '어떻게 읽을까' 코너가 나옵니다. 글의 내용을 제대로 이해하기 위해서 어떻게 읽어야 하는지 방법을 보여 주는 코너로, 꼭 알아야 하는 9개의 독해 기술을 선정해서 쉬운 연습문제를 풀며 익힐 수 있게 구성하였습니다.

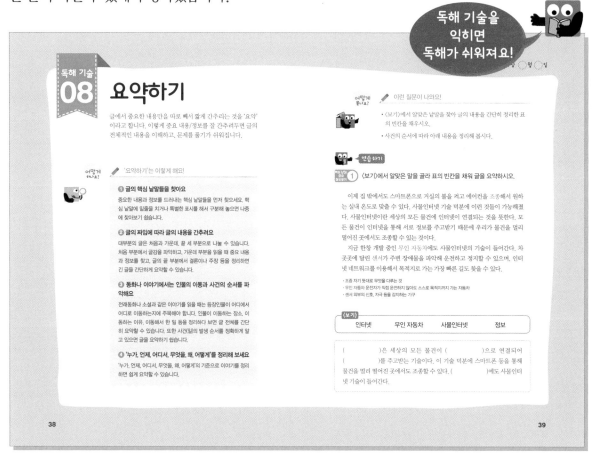

이렇게 공부하세요

독해력이 있다는 것은 '다양한 독해 기술을 활용해 글의 내용을 이해한다'는 뜻입니다. 〈초등국어 독해력 사다리〉 3단계에서는 초등학교 2, 3학년생들이 꼭 갖추어야 할 국어 독해 기술을 쉽게 정리하였습니다. 먼저 독해 기술을 소개하는 글을 읽고, 독해 기술을 효과적으로 키우는 방법을 정리한 설명을 소리 내어 읽으세요. 학습하는 독해 기술을 묻는 질문의 예도 꼭 읽어 보세요.

독해 기술을 설명하는 페이지 옆에는 배운 독해 기술을 연습할 수 있는 연습문제가 있습니다. 문제를 풀면서 공부한 내용을 내 것으로 만들어 보세요.

배운 독해기술은 꼭 연습하세요!

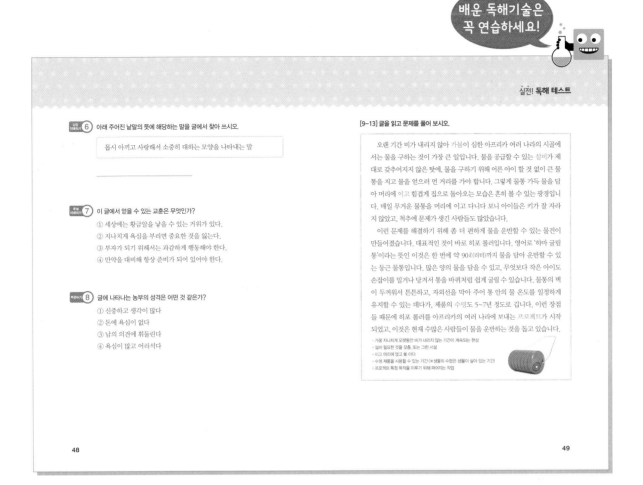

활용 TIP

1 매일매일 독해 기술을 하나씩 공부하고, 공부한 날짜를 기록하세요

공부는 매일, 꾸준히 하는 것이 가장 중요합니다. 매일 공부하는 습관을 들이기 위해서는 잊지 말고 하루에 하나씩 독해 기술을 공부합시다.

2 틀린 문제는 왜 틀렸는지 생각하고, 다시 풀어 보세요

몇 개를 틀렸는지가 중요한 것이 아니라 '왜 틀렸는지'를 아는 것이 중요합니다. 틀린 문제의 답을 확인만 하고 넘어가지 말고, 왜 틀렸는지 생각해 본 다음 '정답과 해설'에서 자세한 문제풀이를 읽으면서 모르는 내용을 확실하게 다져야 합니다.

3 '실전! 독해 테스트'에서 실력을 확인해 보세요

자신의 독해 실력을 평가할 수 있는 테스트입니다. 20분이나 30분 이내 등 스스로 목표 시간을 정해서 풀어 봅시다.

★ 무엇을 읽을까

총 5과로 나누어 주제별 읽기를 합니다. 교과서를 바탕으로 초등학생들이 꼭 알아야 하는 내용을 선별하여 재미있게 지문을 구성하였습니다. '어떻게 읽을까'에서 배운 독해 기술을 활용해 실전 시험처럼 독해 활동을 해 보세요.

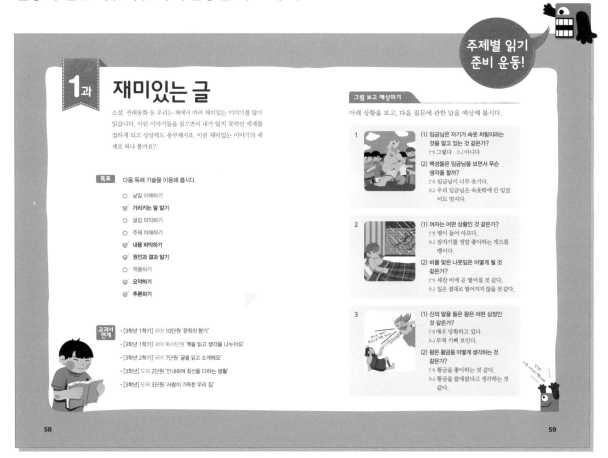

이렇게 공부하세요

'무엇을 읽을까'에서는 꼭 배워야 할 지식과 정보가 담긴 글, 그리고 읽기가 즐거워지는 글을 다섯 개의 주제로 묶어서 제시합니다. 실제 교과서와 연계된 흥미로운 지문을 읽으면서 앞으로 배울 내용을 예습하거나 이미 배운 내용을 복습할 수 있습니다.

특히 '어떻게 읽을까'에서 공부한 독해 기술을 제대로 활용할 수 있는지, 지문을 읽고 문제를 풀면서 스스로 확인할 수 있습니다.

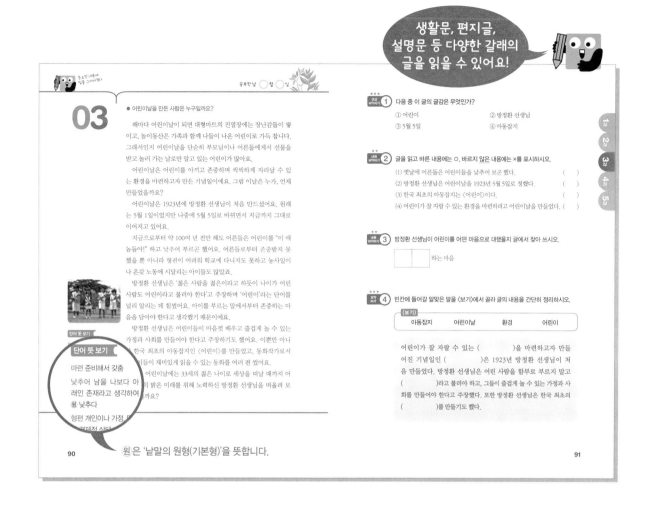

활용 TIP

1 모든 과의 시작 페이지를 꼼꼼히 읽고, 앞으로 읽을 내용을 예상해 보세요

어떤 지문을 읽게 될지 예상해 보세요. 본격적으로 읽기 시작하기 전에 몸풀기로 '배경지식 확인하기'나 '바람직하게 행동하기' 등의 활동도 꼭 풀어 보세요.

2 지문을 처음 읽을 때는 빨리, 다시 읽을 때는 꼼꼼히 읽으세요

천천히 한 번 읽는 것보다 처음 읽을 때 빨리 읽고 전체적인 내용을 파악하는 것이 좋습니다. 그런 다음 조금 시간을 두고 꼼꼼하게 지문을 다시 한번 읽어 보세요.

3 하루에 지문 하나씩 읽고, 어떤 문제를 틀렸는지도 꼭 확인하세요

매일 공부하고, 공부한 날짜를 적으세요. 답을 맞추어 본 후에는 어떤 유형의 문제를 틀렸는지 꼭 확인하세요. 문제 위에 있는 별표는 문제가 얼마나 어려운지를 나타냅니다. 개수가 하나인 것은 안 틀리면 좋겠죠?

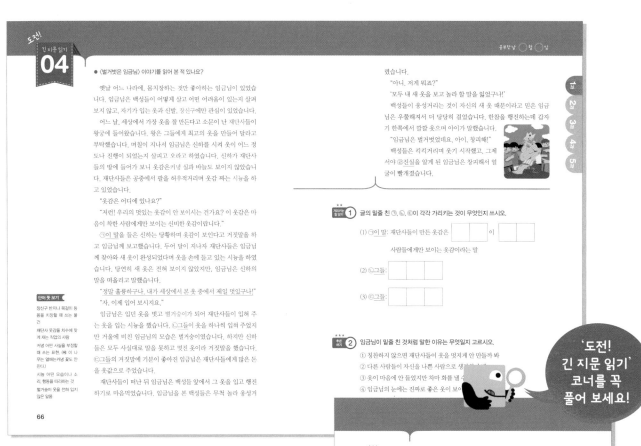

활용 TIP

1 '도전! 긴 지문 읽기'에 꼭 도전하세요

모든 과의 마지막 지문은 글밥이 많고 풀어야 할 문제 수도 많습니다. 하지만 두려워하지 말고 한 단계 어려운 독해 활동에 도전해 보세요. 이런 도전이 쌓이면서 독해 실력이 높아지고, 자신감을 갖게 됩니다. 문제를 풀 때는 지문을 다시 읽지 말고, 이미 읽은 내용을 떠올려 문제를 풀려고 노력해 보세요.

2 틀린 문제는 다시 한번 풀어 보세요

틀린 문제는 '정답과 해설'에서 문제풀이를 찾아 꼼꼼하게 읽고 무엇을 놓쳤는지 확인하세요. 읽고 난 다음에는 다시 한번 풀어 봅시다.

활용 TIP

1 내 생각을 정리해서 나만의 이야기를 써 보세요

'나만의 이야기 만들기' 코너가 각 과의 마지막을 장식합니다. 공부한 과의 주제나 지문 내용과 관련해서 자기 생각을 글로 쓰거나 그림으로 표현하고, 책이나 인터넷에서 정보를 찾아 쓰는 활동을 합니다. 이 활동을 통해 글짓기 실력이 자라고, 자기 생각을 조리 있게 표현할 수 있게 되며, 창의적인 콘텐츠를 만들어내는 토대를 다질 수 있습니다.

정해진 답은 없으니 나만의 이야기, 나만의 콘텐츠 만들기에 도전해 보세요!

어떻게 읽을까

독해 기술

낱말 이해하기

낱말들이 모여서 우리가 읽는 '글'이 되므로 낱말의 뜻을 잘 이해하는 것이 독해의 기초입니다. 모르는 낱말이 나와도 문장의 흐름이나 전체적인 글의 내용을 따져 보면 뜻을 짐작할 수 있을 때가 많습니다.

어떻게
하나요?

 '낱말 이해하기'는 이렇게 해요!

❶ 앞뒤 문장을 잘 살펴보세요

처음 보는 낱말 또는 뜻이 모호한 낱말이 나왔을 때 낱말의 앞뒤 문장을 우선 살펴보세요. 낱말의 뜻을 추측할 수 있는 내용이 나오는 경우가 많습니다.

❷ 뜻이 비슷한 낱말, 반대말이 있는지 확인하세요

같은 낱말을 여러 번 반복해서 쓸 때도 있지만, 보통은 글이 지루해지지 않도록 뜻이 같거나 비슷한 낱말을 대신 쓰는 경우가 많습니다. 때로는 반대말을 써서 원래 쓴 낱말의 뜻을 확실하게 드러내기도 합니다.

어떻게
묻나요?

 이런 질문이 나와요!

• 밑줄 친 ㉠차별의 뜻이 무엇인지 글에서 찾아 빈칸에 쓰시오.

• 병균 등을 옮겨서 우리 몸을 아프게 만드는 등 우리 생활 속에서 나쁜 영향을 미치는 벌레를 뭐라고 하는지 글에서 찾아 쓰시오.

 연습하기

낱말 뜻 찾기 ① 글을 읽고 질문에 답하시오.

　　학교에서 하는 모둠 활동은 나 혼자 한다고 제대로 되지 않습니다. 같은 모둠 친구들과 서로 도우며 힘을 합쳐야 좋은 결과를 낼 수 있지요. 이처럼 어떤 목적을 이루기 위해서 뜻과 힘을 모으는 것을 협동이라고 합니다.
　　혼자서는 어렵지만 여럿이 협력하면 해낼 수 있는 일이 많습니다. 학교에서 친구들과 <u>협동</u>하는 즐거움을 느껴 보면 어떨까요?

(1) 밑줄 친 협동의 뜻이 풀이된 부분을 찾아 빈칸을 채우시오.

　　● 협동: 목적을 이루기 위해 ＿＿＿＿＿＿＿＿＿＿＿＿＿＿＿＿ 것

(2) '협동'과 뜻이 같은 낱말을 글에서 찾아 쓰시오.

　　＿＿＿＿＿＿＿＿＿＿＿＿＿＿＿＿

낱말 뜻 파악하기 ② 글을 읽고 질문에 답하시오.

　　산수화는 산과 물이 어우러진 자연의 아름다움을 그린 그림으로, 풍경화 또는 산수도라고도 부릅니다. 우리나라를 포함해 동양에서는 산수화에 자연을 보이는 그대로 담기도 했지만, 사람이 원하는 이상적인 자연의 모습을 그리기도 했습니다.
　　산수화를 볼 때는 가로로 긴 그림의 경우 오른쪽에서 왼쪽으로, 세로로 긴 그림일 때는 아래에서 위로 시선을 옮겨서 보면 됩니다.

정선 〈산수화〉
(출처: 국립중앙박물관)

(1) '산수화'의 뜻이 풀이된 부분을 찾아 빈칸을 채우시오.

　　● 산수화: ＿＿＿＿＿＿＿＿＿＿＿＿＿＿＿＿ 그림

(2) 산수화와 같은 뜻의 낱말 두 개를 찾아 쓰시오.

　　＿＿＿＿＿＿＿＿＿, ＿＿＿＿＿＿＿＿＿

02

가리키는 말 알기

'가리키는 말'이란 앞에서 말한 특정 낱말이나 내용을 다시 말할 때 대신 사용하는 말입니다. 글을 읽을 때 가리키는 말이 가리키는 대상을 정확히 이해해야 헷갈리지 않고 올바르게 독해를 할 수 있습니다.

어떻게 하나요?

 '가리키는 말 알기'는 이렇게 해요!

❶ 가리키는 말의 성격을 정확히 이해하세요

앞에 나온 사람이나 사건, 물건, 정보 등을 다시 뒤에서 이야기할 때 '이', '그', '저' 등으로 시작하는 가리키는 말을 사용합니다. 가리키는 말의 성격, 즉 사람을 가리키는지, 장소나 시간을 가리키는지 등을 정확하게 파악해야 대상을 제대로 알 수 있습니다.

❷ 가리키는 말의 앞뒤 내용을 확인하세요

가리키는 말은 대부분 앞에 나온 낱말이나 내용을 나타냅니다. 그러므로 앞 문장이나 앞에 나온 내용을 잘 확인해 보세요. 드물게는 뒤에 가리키는 말이 나타내는 낱말(내용)이 나오기도 합니다. 가리키는 말 대신 어떤 낱말 또는 내용을 넣어서 글이 자연스럽게 연결되는지 확인하세요.

어떻게 묻나요?

 이런 질문이 나와요!

- 다음 중 글의 밑줄 친 '이것'이 가리키는 것을 고르시오.
- 다음 중 글의 밑줄 친 '저 사람'과 같은 사람이 아닌 것을 고르시오.
- 글의 밑줄 친 '그 이유'가 가리키는 것이 무엇인지 찾아 쓰시오.

 **연습하기**

원래 표현 넣어 연결하기 1 밑줄 친 부분이 각각 무엇을 가리키는 말인지 쓰시오.

(1) 우리 가족은 2년 전에 영국 여행을 다녀왔다. 그런데 아빠는 <u>그 사실</u>을 잊고 올 여름에도 영국으로 놀러 가자고 하신다.

- 그 사실: _____

(2) "지금 어디야? 사람이 너무 많아서 너 안 보이는데?" "나 지금 시계탑 앞이야. 서점 앞으로 갈까?" "아냐. 거의 다 왔어. <u>거기</u>에서 기다려. 금방 갈게."

- 거기: _____

올바른 가리키는 말 찾기 2 글의 밑줄 친 ㉠과 ㉡이 각각 무엇을 가리키는지 쓰시오.

　나는 커서 유튜버가 되고 싶다. 새로 나온 장난감을 갖고 놀면서 소개하고 그 영상을 찍어서 유튜브에 올리고 싶다. 가장 친한 친구인 지욱이의 꿈도 유튜버이다. ㉠우리는 즐거운 일을 하면서 사람들의 관심을 받고 돈도 벌고 싶다. 하루는 엄마에게 어른이 되어서 유튜버가 되고 싶다고 말했다.

　"매일 영상을 찍어서 유튜브에 올리는 건 힘들지 않을까? 엄마는 도겸이가 의사나 교수가 되면 좋을 것 같은데."

　"㉡그건 제 꿈이 아니에요. 전 꼭 유튜버가 될 거예요. 전 제가 좋아하는 일을 하고 싶어요."

　"그래. 엄마는 도겸이가 행복한 게 가장 중요해. 멋진 유튜버가 될 수 있게 열심히 노력해 보렴."

　"고마워요, 엄마. 저 꼭 인기 많은 유튜버가 될 거예요."

• 유튜브 동영상 공유 서비스

- ㉠우리: _____ (※이름으로 쓰시오.)

- ㉡그건: _____ 것

글감 파악하기

긴 글이든 짧은 글이든 글에는 그것을 통해 이야기를 시작하고 풀어나가는 중심 재료가 있습니다. 그것을 '글감'이라고 합니다. 글감이 무엇인지 알면 글의 중심 생각인 주제를 예상하는 데 도움이 됩니다.

어떻게 하나요?

 '글감 파악하기'는 이렇게 해요!

❶ 글에 자주 되풀이되는 낱말/표현을 찾아요

글쓴이는 글감을 통해 자기 생각을 전달합니다. 그 생각, 즉 글의 주제를 제대로 이해하려면 우선 글감이 무엇인지부터 알아야 하는데, 글감을 파악하려면 글에서 자주 반복되는 낱말 또는 내용이 무엇인지 찾아보세요.

❷ 중요한 사건이나 인물, 내용을 찾아요

글 속에서 다루는 인물이나 중요한 내용이 무엇인지 살펴봅시다. 어떤 인물에 관해서 이야기하고 있는지, 어떤 정보를 자세히 설명하고 있는지 살펴보면 글의 글감을 알 수 있습니다.

어떻게 묻나요?

 이런 질문이 나와요!

- 이 시는 무엇에 관한 시인가?

- 이 글에서 주로 다루는 내용이 무엇인지 쓰시오.

- 이 글의 글감은 무엇인가?

연습하기

1 글을 읽고 질문에 답하시오.

　　일기는 어떻게 써야 할까요? 일기는 자기가 그날에 겪은 일, 했던 행동이나 말, 떠올랐던 생각 등을 사실대로 쓰는 것입니다. 따라서 하루에 있었던 일 중 가장 인상 깊었던 일을 중심으로 적고, 그때 내가 한 행동이나 생각, 했던 말 등을 솔직하게 기록하면 됩니다. 일기는 정해진 틀이 없으므로, 자유로운 형식으로 쓰면 됩니다.

(1) 다음 중 글에서 가장 자주 나오는 낱말은 무엇인가?

　　(행동 / 생각 / 일기 / 글쓰기)

(2) 이 글의 글감을 써 보시오. ☐☐ 쓰기

2 글을 읽고 알맞은 글감을 고르시오.

　　젊은 남자와 치타, 돼지, 호랑이, 사자, 말, 타조, 나무늘보가 단거리 달리기를 한다면 가장 빠른 동물과 가장 느린 동물은 무엇일까? 가장 느린 동물은 나무늘보로, 나무늘보는 시속 0.9km로 움직인다. 그렇다면 가장 빠른 동물은? 정답은 시속 110km로 달릴 수 있는 치타이다. 그다음은 약 80~90km로 달리는 타조, 그 뒤를 말, 사자, 호랑이가 60~70km의 속도로 앞서거니 뒤서거니 하며 달린다. 그렇다면 그 뒤를 잇는 것은 사람일까? 놀랍게도 돼지가 사람보다 빠르다. 사람이 시속 35km 정도로 뛸 때 돼지는 약 48km의 속도로 사람보다 앞서 달릴 수 있다.

・단거리 짧은 거리　　・시속 한 시간의 동안 움직임을 잰 속도

① 가장 빠른 동물　　　　② 동물의 달리기 속도

③ 돼지의 달리기　　　　④ 가장 느린 동물

주제 이해하기

글쓴이가 글에서 중요하게 말하는 중심 생각 또는 내용을 '주제'라고 합니다. 글의 주제를 이해하는 것은 독해에서 가장 중요합니다.

어떻게 하나요?

 '주제 이해하기'는 이렇게 해요!

❶ 글감에 관한 글쓴이의 태도와 생각을 확인하세요

먼저 글의 글감을 파악합니다. 그다음에 글쓴이가 글감에 관해 긍정적으로 말하는지 부정적으로 의견을 말하는지 글쓴이가 사용하는 낱말이나 표현을 확인하세요. 그것을 통해 주제에 담길 내용을 예상할 수 있습니다.

❷ 글쓴이의 주장이 담긴 문장을 살펴 보세요

글쓴이가 자신의 주장을 표현하는 문장을 보면 밑줄을 긋고 무엇을 말하고 있는지 확인하세요. 보통 주장하는 말이 주제를 드러낼 때가 많습니다.

❸ 글의 처음과 끝을 확인하세요

보통 글쓴이는 주제를 효과적으로 표현하기 위해 글의 시작이나 마지막 단락에 중심 생각이 담긴 문장을 씁니다. 글의 시작과 끝을 잘 읽으면 글의 주제를 쉽게 파악할 수 있는 경우가 많습니다.

어떻게 묻나요?

 이런 질문이 나와요!

- 이 글의 주제는 무엇인가?
- 다음 중 이 글에서 얻을 수 있는 교훈을 제대로 이해한 학생은 누구인가?
- 위의 이야기를 통해 글의 주제가 무엇인지 고르시오.

1 글을 읽고 질문에 답하시오.

'우물 안 개구리'라는 속담을 들어 본 적 있나요? 옛날 사람들은 깊은 우물 안에 사는 개구리처럼 세상을 넓게 보지 못하고, 자신이 아는 것이 세상의 전부인 것처럼 생각하는 사람을 두고 우물 안 개구리라고 했습니다. 깊은 우물 안에서 살고 있는 개구리 눈에는 우물 밖으로 보이는 동그랗고 작은 하늘과 구름이 세상의 전부일 것입니다. 그러니 그런 개구리가 아는 것은 얼마나 부분적이겠어요?

이 세상에는 내가 모르는 것과 배워야 할 것이 정말 많습니다. 우리가 우물 안 개구리가 되지 않으려면 책을 많이 읽고 여러 경험을 통해 세상을 더 넓고 깊게 보는 눈을 키워야 합니다.

(1) 다음 중 글의 글감은 무엇인가?

　① 동그랗고 작은 하늘　　　② 깊은 우물

　③ '우물 안 개구리'라는 속담　④ 세상의 전부

(2) 글에서 전달하려는 중심 내용을 드러내는 문장을 찾아 쓰시오.

_____

_____

(3) 다음 중 이 글의 주제를 제대로 이해한 친구는 누구인가?

　① 호진: 개구리가 정말 우물 안에서 사는지 확인해 보아야 해.

　② 지혜: 많은 경험을 쌓아 세상을 더 넓게 보는 안목을 키우고 싶어.

　③ 희진: 우물 안에서 보면 작아 보이지만 원래 하늘은 정말 넓어.

　④ 성광: 작은 것이라도 정말 제대로 이해하기 쉽지 않아.

글을 읽고 질문에 답하시오.

〈가〉 혼자 사는 사람들이 점점 늘어남에 따라 강아지와 고양이 같은 애완동물과 함께 생활하는 사람도 늘고 있다. 애완동물은 개, 고양이, 햄스터, 금부어, 앵무새 등 사람의 만족과 즐거움 때문에 키우는 동물을 일컫는 말이다.

〈나〉 하지만 요즘은 애완동물보다는 반려동물이라는 말을 자주 쓴다. 반려동물이라는 말은 애완동물이 생명으로서 존중받아야 한다는 데 관해 사람들이 공감하면서 1983년부터 전 세계에서 사용하기 시작했다. 반려동물이 사람의 즐거움을 위한 장난감이 아니라, 사람과 함께 살아가며 마음의 안정과 친밀감을 주는 친구나 가족과 같은 존재라고 인정받게 된 것이다.

〈다〉 반려동물과의 관계에서 얻는 안정감과 편안함은 사람들의 정신 건강에도 좋은 영향을 준다고 알려져 있다. 실제로 정신병을 앓고 있는 노인들이 반려동물과 함께 생활하면서 마음의 안정을 되찾는 경우가 많다고 한다. 또한 반려동물과 함께 생활한 아이는 그렇지 않은 아이에 비해 감성이 풍부하고, 다른 사람의 마음을 이해하는 공감 능력이 발달하는 것으로 나타났다.

〈라〉 그런데 요즘 반려동물을 버리거나 학대하는 사람들이 늘어 큰 사회 문제가 되고 있다. 반려동물을 단순히 사람의 즐거움을 위한 장난감과 같은 존재가 아니라, 감정을 가진 귀한 생명으로 인정하고 반려동물에 대한 고마움과 책임감을 가져야 할 것이다.

- 일컫는 이름을 지어서 부르는 ⑩ 일컫다
- 반려 짝이 되는 친구
- 존중 귀하게 여기고 대함
- 공감 다른 사람의 의견이나 느낌에 동의하면서 자기도 그렇다고 생각하거나 느끼는 것
- 학대 몹시 괴롭히고 심하게 때리는 등 모질게 대하는 것

(1) '개와 고양이, 햄스터, 물고기, 새 등 사람이 만족감과 즐거움을 얻기 위한 목적으로 키우는 동물'을 무엇이라고 하는지 글에서 찾아 쓰시오.

(2) 이 글의 글감은 무엇인가?

　① 사람의 즐거움

　② 개, 고양이, 햄스터

　③ 반려동물

　④ 안정감과 편안함

(3) 〈가〉~〈라〉 중 글쓴이의 주장이 담긴 단락을 고르시오.

　① 〈가〉　　　　　　　　　② 〈나〉

　③ 〈다〉　　　　　　　　　④ 〈라〉

(4) 글에서 글쓴이의 중심 생각(주제)이 담긴 문장을 찾아 쓰시오.

_____

_____

_____

05

원인과 결과 알기

어떤 일을 일어나게 한 원인(까닭)과 그 결과를 제대로 파악하는 것은 중요한 독해 능력 중 하나입니다. 한 가지 원인에 한 가지 결과가 나타날 수 있고 여러 개의 결과가 나타날 수도 있습니다. 마찬가지로, 하나의 결과에 여러 개의 원인이 있을 수 있습니다.

어떻게
하나요?

 '원인과 결과 알기'는 이렇게 해요!

❶ 원인과 결과를 나타내는 문장을 찾아요

원인을 나타내는 문장은 '(왜냐하면) ~하기 때문이다' 형태일 때가 많습니다. '~해서/하자 ~했다' 같은 문장이라면 '~해서/하자'는 원인을, '~했다'는 그에 따른 결과를 나타냅니다.

❷ 원인과 결과를 구분해서 읽어요

어떤 일이 왜 일어났는지 원인을 파악해야 내용을 제대로 이해할 수 있습니다. 원인에 해당하는 부분과 결과에 해당하는 부분에 각각 표시를 하면서 글을 읽어 봅시다.

❸ 원인과 결과를 알맞게 짝지어 보세요

어떤 결과가 나타나게 되는 원인이 글에 한 개만 나올 수도 있고 여러 개가 나올 수도 있습니다. 때로는 하나의 원인으로 여러 개의 결과가 나타날 수도 있습니다. 원인과 그 결과를 알맞게 짝지어 가며 글을 읽어 봅시다.

어떻게
묻나요?

 이런 질문이 나와요!

• 반 고흐는 왜 동생인 테오에게 편지를 썼는가?

• 다음 중 지구의 평균 온도가 점점 높아지는 까닭으로 알맞은 것은 무엇인가?

연습하기

원인과 결과 구분하기 **1** 각 문장에서 '원인'과 '결과'를 구분해서 쓰시오.

(1) 한국어와 영어는 말의 순서나 발음이 달라서 한국인 중에는 영어를 배울 때 어려워하는 사람이 많다.

- 원인: _____

- 결과: _____

(2) 추운 겨울에 어떤 동물들은 따뜻한 봄이 올 때까지 겨울잠을 잔다. 겨울에는 식량을 구하거나 밖에서 활동하기가 어렵기 때문이다.

- 원인: _____

- 결과: _____

원인과 결과 파악하기 **2** 다음 중 나무늘보가 느린 이유는 무엇인가?

나무늘보는 다리가 짧고 팔이 긴 별난 모습을 한 동물입니다. 나무늘보는 나무 위에 살면서 긴 팔로 나무 줄기나 굵은 가지에 매달려 하루에 20시간 가까이 잠만 자요. 똥을 누는 배변 활동도 일주일에 한 번 정도밖에 하지 않아요. 나무늘보는 움직이는 것도 느립니다. 시속 1km도 안 되는 속도로밖에 움직이지 못하죠. 나무늘보가 이렇게 잘 움직이지 않는 이유는 몸에 근육이 없어서예요. 힘을 내려면 근육이 필요한데, 나무늘보에게는 근육이 없기 때문에 최대한 안 움직이는 거랍니다.

• 근육 뼈에 붙어서 움직이고 운동할 수 있게 하는 살과 힘줄

① 나무늘보의 다리가 짧아서

② 나무늘보가 잠이 너무 많아서

③ 나무늘보가 나무에 살아서

④ 나무늘보 몸에 근육이 없어서

주사위를 공 모양으로 만들지 <u>않는</u> 이유를 글에서 찾아 밑줄을 그으시오.

주사위는 각 면에 숫자나 도형이 새겨져 있습니다. 우리가 보통 굴리는 주사위는 정육면체입니다. 그런데 혹시 동그란 주사위를 본 적 있나요? 아무도 없을 거예요. 주사위는 공 모양으로 둥글게 만들지 않습니다. 주사위를 굴렸을 때 숫자나 도형이 새겨진 한쪽 면이 정확히 위로 향하게 멈춰야 하는데, 동그라면 멈추지 않고 계속 굴러가겠죠. 그래서 주사위는 둥글게 만들지 않고 모서리와 면이 있는 형태로 만듭니다.

· 정육면체 정사각형 6개로 둘러싸인 도형

글을 읽고 질문에 답하시오.

옛날 중동 지역의 상인들은 사막을 다닐 때 주로 낙타를 이용했습니다. 낙타는 3일 정도 물을 마시지 않고도 견딜 수 있기 때문에, 물이 부족한 사막 지역에서 오갈 때 타고 다니기 좋은 동물이었던 것이죠. 이럴 수 있는 것은 낙타 등의 혹 덕분입니다. 불룩 솟아나 있는 혹 안에 들어 있는 것이 물이냐고요? 아닙니다. 낙타의 혹 안은 물이 아니라 지방으로 차 있습니다. 낙타는 물이 부족할 때 혹 안의 지방을 분해해서 수분으로 바꿔 몸에 필요한 수분을 공급했습니다. 그래서 낙타는 물이 부족한 사막에서도 잘 견딜 수 있답니다.

· 분해 하나의 물질을 두 가지 이상으로 나누는 것

(1) 옛날 중동 지역의 상인들은 왜 사막을 건널 때 주로 낙타를 이용했는가?

낙타가 _____ 때문에

(2) 낙타가 물이 부족한 사막에서 잘 견딜 수 있는 이유는 무엇인가?

낙타는 물이 부족할 때 _____

_____ 할 수 있어서

5 글을 읽고 아래의 '원인과 결과' 표의 빈칸을 알맞게 채우시오.

원인과
결과
짝짓기

1950년대 중국에서는 참새와의 전쟁이 선포되어, 전국에서 참새를 싹 잡아 버렸다. 참새가 벼를 쪼아먹어서 쌀의 수확량이 떨어진다는 이유에서였다. 그 러나 얼마 안 있어 중국인들은 그것이 얼마나 어리석은 짓이었는지 깨닫게 되 었다. 사라진 참새로 인해 쌀 수확이 늘 것으로 생각했는데, 막상 벼에 붙어살 면서 벼를 병들게 하는 해충을 잡아먹던 참새가 사라지자 해충이 빠르게 늘어 나서 벼가 모두 병들었던 것이다. 그 결과, 수확할 수 있는 쌀이 부족해져서 수 많은 사람이 굶어 죽게 되었다.

이렇듯 자연의 동식물은 서로 연결되어 있다. 하나가 갑자기 없어지면 균형 이 깨지면서 예상치 못한 피해를 볼 수 있다.

• 선포 널리 세상에 알리기
• 수확량 농작물을 거두어들인 양
• 해충 인간에게 피해를 주는 벌레
• 균형 어느 한쪽으로 기울지 않은 상태

	원인	결과
(1)	(⠀⠀⠀⠀⠀⠀⠀⠀⠀⠀⠀⠀)는 이유로	1950년대 중국에서는 참새를 모두 잡았다.
(2)	참새가 사라지자	벼에 붙어살면서 (⠀⠀⠀⠀⠀⠀⠀⠀)이 너무 빠르게 늘었다.
(3)	(2)의 '결과' 때문에	벼가 (⠀⠀⠀⠀⠀⠀) 것이다.
(4)	(3)의 '결과' 때문에	(⠀⠀⠀⠀⠀⠀)이 부족해졌다.
(5)	(4)의 '결과' 때문에	많은 사람이 굶어 죽었다.

내용 파악하기

글을 잘 이해하려면 전체적인 내용뿐 아니라 세세한 정보도 제대로 파악해야 합니다.

어떻게
하나요?

✎ '내용 파악하기'는 이렇게 해요!

① 글의 제목, 글에 자주 나오는 낱말과 표현을 확인해요

글에 제목이 있으면 꼭 제목을 확인하세요. 제목은 글의 글감이 무엇인지 알려 주고, 어떤 내용이 펼쳐질지 예상하는 데에 힌트가 됩니다. 글에 자주 나타나는 낱말이나 표현도 중요한 정보일 수 있으므로 흘려 버리지 말고 살펴봅시다.

② 세부적인 정보를 꼼꼼히 확인해요

독해 문제를 풀 때 선택지에서 말하는 내용과 글의 정보가 정확하게 맞는지를 꼼꼼히 비교해야 합니다. 글에서 쓴 낱말이나 표현을 선택지에서 그대로 쓰지 않고 비슷한 뜻의 다른 낱말이나 표현으로 바꿔 쓸 수도 있으니 그런 점도 잘 확인하세요.

③ '누가, 언제, 어디서, 무엇을, 어떻게, 왜'를 찾으며 읽어요

누가, 언제, 어디서, 무엇을, 어떻게, 왜 했는지 찾으며 글을 읽어 보세요. 글 속의 중요한 내용과 정보를 쉽게 수집해서 정리할 수 있게 됩니다. 이 능력은 글이 길어질수록 더욱 필요합니다.

④ 문장 간의 연결 관계를 파악해요

글을 제대로 이해하려면 한 문장 한 문장 제대로 읽고 문장끼리의 관계를 파악해야 합니다. 뒤에 나오는 문장의 이어 주는 말을 확인하세요. 예를 들어, 뒤의 문장이 '그러나, 하지만, 그렇지만' 등으로 시작하면 앞과 반대되는 내용이 나온다는 표시이고, '또한, 그리고' 등으로 시작하면 앞의 내용과 매끄럽게 연결되는 내용이 덧붙여진다는 표시입니다. 이어 주는 말이 '그래서'일 때는 앞의 내용이 원인이 되어 어떤 결과가 나왔음을 나타내는 표현입니다.

어떻게
묻나요?

 ✏️ 이런 질문이 나와요!

- 등장인물이 간 장소와 거기서 겪은 일을 알맞게 선으로 연결해 보시오.

- 글에서 장애인을 위한 시설의 예로 나오지 않는 것은 무엇인가?

- 주인공은 무엇을 보고 아이디어를 얻었는가?

- 소화 작용에 관한 설명으로 바른 것에는 ○, 바르지 않은 것에는 ✕를 표시하시오.

 연습하기

 세부 내용 파악하기 **1** **글을 읽고 아래 문장에서 잘못된 부분을 올바르게 고치시오.**

　「해바라기」, 「별이 빛나는 밤」 등의 그림을 그리고, '태양의 화가'라고 불리는 빈센트 반 고흐는 1853년 네덜란드에서 태어났습니다. 고흐는 1890년 37세의 나이로 세상을 떠날 때까지 자신이 그린 그림을 단 한 점밖에 팔지 못했습니다. 그러나 고흐는 자신이 아름답다고 생각한 것을 표현하려고 계속 그림을 그렸습니다.

　살아서는 자신의 예술 세계를 이해받지 못하고 외롭고 가난하게 살았지만, 오늘날 고흐는 20세기 서양 미술에 크나큰 영향을 미친 천재 화가로 인정받으며, 그의 작품 역시 전 세계 사람들에게 사랑받고 있습니다.

(1) 「해바라기」 등을 그린 빈센트 반 고흐는 프랑스에서 태어났다.

　　(　　　　　　 → 　　　　　　　　)

(2) 빈센트 반 고흐는 1890년 30세의 나이에 가난하게 죽었다.

　　(　　　　　　 → 　　　　　　　　)

(3) 빈센트 반 고흐는 18세기 동양 미술에 큰 영향을 끼친 것으로 평가받는다.

　　(　　　　　　 → 　　　　　　　　)

중요한 정보 정리하기 2 글을 읽고 표의 빈칸을 알맞은 내용으로 채우시오.

　　여름방학 때 나는 부모님과 함께 전라북도 전주로 여행을 갔다. 전주 한옥 마을을 구경하기 위해서였다. 우리는 한복을 빌려 입고 600여 채나 되는 한옥이 모인 거리를 걸었다. 그리고 공예품 전시관에 들어가서 구경을 했다.

　　한참 구경하다가 출출해져서 우리 가족은 전주에서 가장 유명한 음식인 전주 비빔밥을 먹으러 식당에 들어갔다. 아주 맛있었다.

　　전주는 볼 것도 많고 맛있는 것도 많은 멋진 도시였다. 내년에도 부모님과 함께 전주에 가고 싶다.

・공예품 예술적인 가치가 있으면서 실생활에서도 쓸 수 있게 만든 물건

누가	언제	어디서	무엇을	왜
(　　　　)와 부모님은	(　　　　) 때	전라북도 (　　　)로	(　　　)을 갔다	전주 (　　　　)을 구경하려고

이어 주는 말 파악하기 3 문장과 문장을 이어 주는 알맞은 말을 〈보기〉에서 골라 쓰시오.

〈보기〉

그러나　　　　　왜냐하면　　　　　그래서

(1) 지수는 나에게 말도 안 하고 내 연필을 가져갔다.

　　(　　　　　　) 나는 조금 화가 났다.

(2) 세종대왕께서 처음 훈민정음을 만드셨을 때 문자는 28개였다.

　　(　　　　　　) 지금은 그중 4개가 빠진 24문자만 쓰고 있다.

(3) 나는 독서를 싫어하지만 이 책은 좋아해.

　　(　　　　　　) 이건 만화책이라 재미있거든.

중요한 정보 파악하기 ④ 글을 읽고 질문에 답하시오.

    달은 그 모양에 따라 초승달, 상현달, 보름달, 하현달, 그믐달이라고 부릅니다. 초승달은 그 달에 처음 뜨는 달로, 오른쪽 면이 눈썹 모양으로 보입니다. 상현달은 반달 모양으로 오른쪽 면이 보입니다. 시간이 더 지나면 밤에 동그란 달이 뜨고, 우리는 이런 모양의 달을 보름달이라고 하지요. 며칠 지나면 달은 왼쪽 면이 보이는 반달 형태가 되는데 이것을 하현달이라고 해요. 달은 점점 줄어들면서 초승달처럼 눈썹 모양이 되지만, 이때는 왼쪽 면이 보이는 그믐달이 됩니다. 며칠이 지나면 하늘에서 달의 모습이 보이지 않다가 새로운 달이 시작되면 초승달이 다시 모습을 드러냅니다.

(1) 글에서는 달을 어떤 기준으로 나누고 있는가?

    달의 _____

(2) 그림에 알맞은 달의 이름을 쓰시오.

①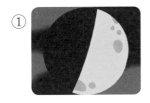

_____

②

_____

③

_____

④

_____

⑤

_____

돼지에 관한 오해와 진실

"너 돼지 같아!"라는 말을 들으면 울음을 터트릴 친구들이 많을 거예요. 보통 사람들은 돼지를 많이 먹어서 뚱뚱하고 지저분하다고 생각하니까요. 그런데 그런 생각들이 오해라는 것을 아나요? 오늘은 오해를 너무 많이 받아서 억울한 돼지들을 위해 진실을 알려 주려고 해요.

첫째, 사람들은 돼지를 너무 많이 먹는다고 생각해요. 그렇지만 이건 오해예요. 먹을 게 부족한 상황이 아니면 돼지는 자기가 먹을 만큼만 먹고 더 욕심 부리지 않아요. 새끼 돼지들이 어미 젖을 먹을 때도 주는 만큼만 먹고 더 먹지 않아요. 식탐을 부리는 건 사람이지 돼지가 아니랍니다.

둘째, 사람들은 돼지를 지저분하다고 싫어해요. 돼지가 진흙탕 속에서 뒹굴기 때문에 그렇게 생각하는데, 사실 돼지만큼 깨끗한 환경을 좋아하는 동물도 드물어요. 돼지가 진흙탕을 뒹구는 가장 큰 이유는 체온을 낮추기 위해서예요. 보통 다른 동물은 땀을 흘려서 체온을 조절하는데 돼지는 땀을 제대로 흘리지 못해요. 그래서 시원한 진흙탕에 뒹구는 거예요.

셋째, 돼지는 머리가 나쁘고 게으르다는 오해를 받고 있어요. 돼지가 들으면 정말 억울할 얘기예요. (㉠) 돼지는 평균적으로 개보다 아이큐가 높거든요. 그리고 게으르다는 것도 좁은 돼지우리에서 키우기 때문에 움직일 수 있는 공간이 별로 없어서 안 움직이는 것이지, 넓은 곳에 놓아두면 돼지는 부지런히 움직이며 활동합니다.

어때요? 이제 돼지에 관한 오해가 좀 풀렸나요?

- 진실 거짓이 없고 참됨
- 식탐 먹을 것을 탐내는 마음
- 체온 동물들의 몸의 온도
- 조절 상태를 알맞은 수준으로 맞춤
- 아이큐 지능을 숫자로 나타낸 것

(1) 다음 중 글의 제목을 통해 알 수 있는 것이 <u>아닌</u> 것은 무엇인가?

   ① '돼지'가 글감인 글일 것이다.

   ② 사람들이 돼지에 관해 오해하고 있는 점이 있다.

   ③ 사람들이 가장 싫어하는 동물은 돼지이다.

   ④ 돼지에 관한 정보를 알려 주려는 글이다.

(2) 돼지가 진흙탕 속에서 뒹구는 이유를 글에서 찾아 쓰시오.

   _____ 위해서

(3) 글의 빈칸 ㉠에 들어갈 말로 알맞은 것은 무엇인가?

   ① 하지만   ② 그리고

   ③ 그래서   ④ 왜냐하면

(4) 돼지에 관한 설명 중 바른 것에는 〇, 바르지 <u>않은</u> 것에는 ✕를 표시하시오.

   ① 돼지는 배가 차도 먹는 걸 너무 좋아해서 계속 먹는다.   (   )

   ② 돼지는 개보다 지능이 높은 똑똑한 동물이다.   (   )

   ③ 돼지는 지저분한 환경에서 사는 것을 좋아한다.   (   )

   ④ 돼지는 기본적으로 움직이는 것을 싫어해서 활동량이 적다.   (   )

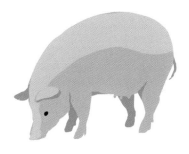

적용하기

글을 읽을 때 내용을 제대로 파악하고 이해하면, 이해한 내용과 정보를 다른 상황에도 적용할 수 있는 능력이 길러집니다. 이러한 독해 기술을 '적용하기'라고 합니다.

어떻게
하나요?

 '적용하기'는 이렇게 해요!

❶ 글 속의 정보를 이해하고 정리해요

글을 읽을 때 새로 나온 정보나 활용할 만한 내용을 잘 정리해서 관련 있는 정보끼리 묶어 표시하거나 따로 적어 놓습니다.

❷ 글에 나온 정보를 적용해 보세요

글을 읽은 후 글의 정보를 다른 상황이나 문제에 어떻게 적용할지 생각해 봅시다. 우리가 글을 읽는 이유는 글의 내용을 잘 이해하는 것뿐만 아니라, 이해한 내용을 다른 상황이나 문제를 해결하는 데 적용하기 위해서입니다.

어떻게
묻나요?

 이런 질문이 나와요!

- 글을 읽고 아래에 제시된 쓰레기들을 올바르게 분리해 봅시다.

- 아래 상황에서 발생한 문제를 해결하기 위한 가장 효과적인 방법은 무엇일지 고르시오.

- 글의 주제와 같게 행동한 친구는 다음 중 누구인가?

 연습하기

글 속 정보 적용하기 **5** 글을 읽고 질문에 답하시오.

    지난 겨울에 대도시의 초등학교에서 머릿니가 유행했습니다. 다 자란 머릿니는 크기가 2mm(밀리미터) 정도로, 사람 머리카락 속에서 살면서 두피에서 피를 빨아 먹습니다. 암컷은 '석캐'라는 알을 낳는데, 석캐 껍데기는 언뜻 비듬처럼 보이지만 머리카락에 딱 달라붙어 있어서 털어도 떨어지지 않습니다.

    머릿니가 있으면 씻어도 머리가 매우 가렵습니다. 심하면 밤에 잠들기 힘들 정도로 가렵지요. 가렵다고 심하게 긁으면 피가 날 수 있으므로 되도록 긁지 말고 빨리 병원에 가서 약을 바르고 치료해야 합니다. 또 참빗으로 2~3주간 매일 꼼꼼하게 머리를 빗으면 참빗에 머릿니와 석캐가 걸려서 떨어지기 때문에 머릿니를 빨리 없앨 수 있습니다. 그리고 머릿니는 쉽게 옮기 때문에 가족끼리도 수건을 같이 사용하지 말고, 베갯잇과 담요도 따로 빠는 것이 좋습니다.

• 두피 동물의 머리 쪽 피부
• 참빗 가는 빗살이 아주 촘촘하게 박힌 빗

(1) 다음 중 머릿니에 관한 설명으로 바르지 않은 것은 무엇인가?

① 머릿니의 알을 석캐라고 부른다. ② 머릿니는 다 자라도 크기가 매우 작다.

③ 석캐는 털면 잘 떨어진다. ④ 머릿니가 있으면 두피가 매우 가렵다.

(2) 머릿니를 옮았다면 어떻게 해야 할까? 올바른 행동을 모두 고르시오.

① 집에서도 각자 개인 수건을 쓴다.

② 부모님에게 머리 가려운 곳을 긁어 달라고 한다.

③ 약을 바르고, 참빗으로 머리를 열심히 빗는다.

④ 다른 학생에게 옮기지 않기 위해 학교를 며칠 쉰다.

요약하기

글에서 중요한 내용만을 따로 빼서 짧게 간추리는 것을 '요약하기'라고 합니다. 이렇게 중요 내용/정보를 잘 간추려두면 글의 전체적인 내용을 이해하고, 문제를 풀기가 쉬워집니다.

어떻게
하나요?

✏️ '요약하기'는 이렇게 해요!

❶ 글의 핵심 낱말들을 찾아요

중요한 내용과 정보를 드러내는 핵심 낱말들을 먼저 찾으세요. 핵심 낱말에 밑줄을 치거나 특별한 표시를 해서 구분해 놓으면 나중에 찾아보기 쉽습니다.

❷ 글의 짜임에 따라 글의 내용을 간추려요

대부분의 글은 처음과 가운데, 끝 세 부분으로 나눌 수 있습니다. 처음 부분에서 글감을 파악하고, 가운데 부분을 읽을 때 중요 내용과 정보를 찾고, 글의 끝부분에서 결론이나 주장 등을 정리하면 긴 글을 쉽게 요약할 수 있습니다.

❸ 동화나 이야기에서는 인물의 이동과 사건의 순서를 파악해요

전래동화나 소설과 같은 이야기를 읽을 때는 등장인물이 어디에서 어디로 이동하는지에 주목해야 합니다. 인물이 이동하는 장소, 이동하는 이유, 이동해서 한 일 등을 정리하다 보면 글 전체를 간단히 요약할 수 있습니다. 또한 사건(일)의 발생 순서를 정확하게 알고 있으면 글을 요약하기 쉽습니다.

❹ '누가, 언제, 어디서, 무엇을, 왜, 어떻게'를 정리해 보세요

'누가, 언제, 어디서, 무엇을, 왜, 어떻게'의 기준으로 이야기를 정리하면 쉽게 요약할 수 있습니다.

어떻게
묻나요?

 ✏️ 이런 질문이 나와요!

- 〈보기〉에서 알맞은 낱말을 찾아 글의 내용을 간단히 정리한 표의 빈칸을 채우시오.
- 사건의 순서에 따라 아래 내용을 정리해 봅시다.

 연습하기

 1 〈보기〉에서 알맞은 말을 골라 표의 빈칸을 채워 글을 요약하시오.

이제 집 밖에서도 스마트폰으로 거실의 불을 켜고 에어컨을 조종해서 원하는 실내 온도로 맞출 수 있다. 사물인터넷 기술 덕분에 이런 것들이 가능해졌다. 사물인터넷이란 세상의 모든 물건에 인터넷이 연결되는 것을 뜻한다. 모든 물건이 인터넷을 통해 서로 정보를 주고받기 때문에 우리가 물건을 멀리 떨어진 곳에서도 조종할 수 있는 것이다.

지금 한창 개발 중인 무인 자동차에도 사물인터넷의 기술이 들어간다. 차 곳곳에 달린 센서가 주변 장애물을 파악해 운전하고 정지할 수 있으며, 인터넷 네트워크를 이용해서 목적지로 가는 가장 빠른 길도 찾을 수 있다.

- 조종 자기 뜻대로 무엇을 다루는 것
- 무인 자동차 운전자가 직접 운전하지 않아도 스스로 목적지까지 가는 자동차
- 센서 외부의 신호, 자극 등을 감지하는 기구

〈보기〉

| 인터넷 | 무인 자동차 | 사물인터넷 | 정보 |

(　　　　　)은 세상의 모든 물건이 (　　　　　)으로 연결되어 (　　　　　)를 주고받는 기술이다. 이 기술 덕분에 스마트폰 등을 통해 물건을 멀리 떨어진 곳에서도 조종할 수 있다. (　　　　　)에도 사물인터넷 기술이 들어간다.

옛날 어떤 작은 마을에 사이좋은 형제가 있었다. 형제는 각자 자기 논에서 열심히 농사를 지으며 살았다.

어느 해 가을, 형제는 각자 구슬땀을 흘리며 벼를 추수해서 논 한쪽에 볏단을 차곡차곡 쌓아 놓았다. 일이 끝나고 밤에 집으로 돌아가는 길에 문득 형은 이런 생각이 들었다.

'동생이 갓 결혼해서 새로 가정을 꾸몄는데 쌀이 더 필요하지 않을까? 아무래도 내 볏단을 좀 나눠 주어야겠어.'

그냥 주겠다고 하면 착한 동생이 거절할 게 뻔했기 때문에 형은 볏단 한 묶음을 몰래 동생 논에 옮겨 놓았다. 기쁜 마음으로 집에 돌아간 형은 다음날 아침 논에 나갔다가 깜짝 놀랐다. 볏단이 전혀 줄지 않았기 때문이었다.

'이상하다. 내가 어젯밤에 분명히 볏단을 한 묶음 옮겨 놓았는데……'

형은 이상했지만, 그날 밤 또다시 볏단 한 묶음을 몰래 동생 논으로 가져다 놓았다. 그러나 날이 밝아 아침이 되어 논으로 나간 형은 또 깜짝 놀랐다. 볏단의 양이 처음과 그대로였던 것이다! 정말 이상한 일이라고 생각하면서 형은 셋째 날 밤, 달이 구름에 가려 깜깜해졌을 때 다시 볏단을 한 묶음 어깨에 짊어지고 동생의 논으로 향했다. 그런데 얼마 못 가서 그는 자기 쪽으로 오는 수상한 검은 그림자와 마주쳤다. 짐을 한가득 지고 있는 듯 검은 그림자는 가쁜 숨을 쉬고 있었다. 도둑일까 덜컥 겁이 난 형은 떨리는 목소리로 물었다.

"거 누구요?"

검은 그림자가 대답하기도 전에 구름이 걷히며 달빛에 주변이 환해졌고, 형은 자기를 바라보고 있는 동생의 놀란 얼굴을 볼 수 있었다. 동생은 등에 볏단 한 묶음을 지고 있었다.

"아우야! 대체 이 밤중에 볏단을 지고 어디를……. 아, 설마 네가?"

"설마, 형님이셨어요? 조카들은 많은데 애들이 워낙 잘 먹으니 형님댁에 쌀이 더 필요할 것 같아 제 볏단을 형님 쪽에 가져다 놓았습니다. 근데 며칠째 양이 안 줄어서 이상하게 생각했어요."

형제는 서로를 얼싸안고 엉엉 울었다.

· 구슬땀 구슬처럼 동그랗게 방울방울 맺힌 땀(※'구슬땀을 흘리다'는 열중해서 열심히 땀 흘려 일하는 모습을 나타내는 표현)
· 추수 가을에 다 익은 곡식을 거두어들이는 일
· 볏단 벼를 베어서 묶은 것
· 갓 이제 막
· 가쁜 숨 숨이 차서 몰아서 쉬는 숨
· 얼싸안고 두 팔로 껴안고 ⑱ 얼싸안다

(1) 글의 밑줄 친 수상한 검은 그림자는 무엇이었는가?

_____

(2) 글을 읽고 바른 내용에는 ◯, 바르지 않은 것에는 ✕를 표시하시오.

① 형제는 서로의 형편을 먼저 생각할 만큼 사이가 좋다. ( )

② 형과 동생은 각자의 볏단을 서로의 논에 가져다 놓았다. ( )

③ 결혼한 지 얼마 안 된 동생은 형이 자기를 도와주길 바랐다. ( )

④ 형은 자기가 볏단을 동생에게 주었다는 것을 동생이 알기 바랐다. ( )

(3) 아래 ㉠~㉣를 발생한 순서대로 나열해 글을 요약하시오.

옛날 어느 마을에 농사를 지으며 사는 형제가 있었다.

㉠ 삼 일째 되던 날, 그 이유가 밝혀졌는데 아이가 많은 형 집에 쌀이 많이 필요할 거라고 생각한 동생이 자기 볏단을 형 논에 옮겨 놓았던 것이다.

㉡ 가을이 되어 추수한 후 형제는 각자의 논에 볏단을 쌓아 두었다.

㉢ 그런데 이튿날 날 아침에 확인해 보니 그대로여서 그날 밤 또 볏단을 옮겼지만, 다음날 가 보니 여전히 볏단은 줄지 않았다.

㉣ 형은 갓 결혼한 동생에게 쌀이 많이 필요할 거라고 생각해서 자기 볏단 한 묶음을 동생 논으로 가져다 놓았다.

서로를 생각하는 마음을 확인한 형제는 얼싸안고 울었다.

(→   →   →   )

추론하기

주어진 정보나 근거를 바탕으로 이야기 속 인물의 성격이 어떤지 파악하거나, 어떤 일이 왜 일어났는지, 또는 앞으로 어떤 사건이 벌어질지 등을 미루어 짐작하는 활동을 '추론하기'라고 합니다. 추론하기는 훨씬 깊이 있는 독해를 위해 필요한 기술입니다.

어떻게 하나요?

 '추론하기'는 이렇게 해요!

① 글에 나온 정보를 바탕으로 이유를 추측해요

추론을 해야 풀 수 있는 문제에서는 선택지에 그럴듯한 내용이 있어도 그것이 글에 나온 정보가 아니면 답이 아닙니다. 글에 나온 정보만을 바탕으로 미루어 짐작해야 합니다. 또한 어떤 이유가 글에 명확하게 드러나지 않았을 때도 글의 내용을 바탕으로 짐작할 수 있습니다.

② 앞뒤 내용이 자연스럽게 연결되는지 생각하며 읽어요

앞으로 벌어질 일을 예상하는 문제가 나오면 앞의 내용과 연결이 자연스러운 내용이 담긴 선택지를 선택해야 합니다.

③ 인물의 말과 행동으로 인물의 성격을 추측해요

등장인물의 성격을 짐작하는 문제를 풀 때는 인물의 말이나 행동, 또는 인물에 관해 설명한 문장을 주의해서 읽어 봅시다.

어떻게 묻나요?

 이런 질문이 나와요!

• 글의 마지막에 어떤 사건이 일어날 것 같나요?

• 밑줄 친 농부의 말에서 농부의 성격은 어떨 것 같은지 추측해 보시오?

 연습하기

^{원인과 벌어질 일 추론하기} **1** 글을 읽고 질문에 답하시오.

어느 숲 속에 여우 한 마리가 살고 있었습니다. 어느 날, 어슬렁거리며 먹을 것을 찾던 여우는 가시덤불 너머에 포도나무가 있는 것을 발견했습니다. 포도나무에는 탐스럽게 익은 포도가 주렁주렁 달려 있었습니다. 포도를 본 여우는 군침을 흘렸습니다.

"이런 곳에 포도나무가 있다니! 포도가 정말 먹음직스럽게 열렸네!"

여우는 포도를 따 먹으려고 가시덤불을 뛰어넘으려다 실패하자 이번에는 덤불 아래로 기어들어 가려 했습니다. 하지만 가시에 온몸이 찔렸습니다.

"저렇게 탐스러운 포도가 눈앞에 있는데, 하나도 먹을 수 없다니!"

포도나무를 보며 그 자리에서 한참을 앉아 있던 여우는 천천히 일어나며 작은 소리로 중얼거렸습니다.

"<u>저 포도는 겉만 먹음직스럽게 번지르르할 뿐 아주 신맛이 날 거야. 나는 신 포도를 아주 싫어해. 어차피 저 포도는 맛없어서 먹지도 못할 거야.</u>"

(1) 여우는 왜 포도를 먹지 못했는가?

때문에 포도나무 가까이 갈 수 없어서

(2) 여우가 밑줄 친 내용처럼 말한 이유는 무엇일지 고르시오.

① 원래 포도를 먹고 싶지 않았기 때문에

② 포도를 포기하는 핑계를 대려고

③ 다른 동물들이 포도를 못 먹게 하려고

④ 도저히 먹을 수 없을 만큼 신 포도였기 때문에

(3) 다음 중 이어지는 여우의 행동으로 알맞은 것은 무엇일까?

① 여우는 다시 가시덤불을 뛰어넘으려고 한다.

② 여우는 포도 먹기를 포기하고 자리를 떠났다.

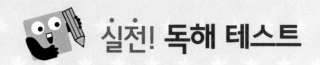
[1-3] 글을 읽고 문제를 풀어 보시오.

자연과 환경을 지키기 위해서 우리가 할 수 있는 일 중 하나가 생활 쓰레기를 제대로 분리해서 버리는 것입니다. 쓰레기 재활용을 잘하려면 올바르게 분리해서 배출해야 합니다. 지금부터 올바른 쓰레기 분리배출 방법을 살펴봅시다.

생일 파티 후 다 먹은 케이크 상자를 종이 분리 수거함에 넣지요? 지금까지 그냥 버렸다면 앞으로는 케이크가 놓여 있던 판에 남은 크림과 빵 가루를 모두 깨끗이 닦아 주세요. 다 마신 우유팩이나 주스팩도 물로 깨끗이 헹군 다음 납작하게 해서 종이 분리 수거함에 넣어 주세요.

통조림 캔처럼 철로 만든 통과 캔, 알루미늄 캔, 유리병 등은 모두 내용물을 비운 뒤 씻어서 각각 수거함에 버립니다. 그중 다 쓴 부탄가스 용기는 터지지 않도록 구멍을 뚫어서 내놓아야 합니다.

'분리배출' 또는 재활용 표시가 있는 플라스틱 제품, 비닐을 버릴 때도 이물질이 묻었다면 깨끗하게 닦은 다음 수거함에 배출해야 재활용할 수 있습니다. 심하게 더러운 비닐이나 플라스틱 제품은 재활용할 수 없기 때문에 컵라면 컵과 같은 일회용 용기나 은박지, 이쑤시개, 생선 뼈, 과일 씨, 달걀 껍데기와 함께 종량제 봉투에 넣어서 배출합니다.

- 배출 밖으로 내보냄
- 수거 거두어 가는 것
- 이물질 정상적인 상태의 것이 아닌 다른 물질
- 용기 물건을 담는 그릇
- 종량제 물건의 무게나 길이 등에 따라 이용료를 매기는 제도

내용 파악하기 ① 쓰레기와 올바른 배출 방법을 알맞게 선으로 연결해 보시오.

(1) 생선 뼈 •　　　　　 • (ㄱ) 깨끗이 씻어서 배출

(2) 부탄가스 용기 •　　　　 • (ㄴ) 종량제 봉투에 담아 배출

(3) 알루미늄 캔 •　　　　　 • (ㄷ) 구멍을 뚫어서 배출

내용 파악하기 2 다음 중 재활용이 가능한 쓰레기는 무엇인가?

① 과일 씨 　　　　② 달걀 껍데기

③ 통조림 캔 　　　④ 일회용 접시

주제 이해하기 3 이 글에서는 주로 어떤 내용을 다루고 있는가?

① 일반 종량제 봉투에 넣어야 하는 쓰레기

② 올바른 쓰레기 분리배출 방법

③ 우유팩과 주스팩을 버리는 방법

④ 생활 쓰레기가 자연 파괴에 미치는 영향

[4-5] 글을 읽고 문제를 풀어 보시오.

　　짜장면을 사랑하는 사람들이 꼭 가 봐야 할 장소가 있습니다. 바로 짜장면의 역사를 배울 수 있는 짜장면 박물관으로, 인천에 있습니다. 이곳은 원래 1912년 문을 열었던 '공화춘'이라는 중국음식점이었습니다.

　　공화춘은 조선 시대 말기 인천항을 통해 들어온 중국인이 지은 요릿집으로, 처음에는 무역상들에게 숙식을 제공했습니다. 그러다가 중화요리가 대중적인 인기를 얻게 되자 식당 규모를 늘려 대형 연회장을 갖추었고, 1980년대까지 맛있는 중국음식점으로 유명했습니다.

인천광역시에서는 공화춘의 역사적 가치를 인정해 건물을 산 다음 내부에 전시공간을 마련하는 등 건물을 고쳐서 2012년부터 짜장면 박물관으로 활용하고 있습니다.

• 항 항구. 배가 드나들 수 있게 시설을 설치한 장소
• 숙식 자고 먹는 것
• 연회장 축하, 환영 등 각종 잔치를 벌이는 곳
• 명성을 날리다 세상에 이름을 널리 알리다

가리키는 말 알기 4 글의 밑줄 친 <u>이곳</u>이 가리키는 것을 찾아 쓰시오.

_____

요약 하기 5 아래 표의 빈칸을 알맞게 채워 글을 요약하시오.

짜장면 박물관	시작	( )이라는 이름으로 문을 엶	
	용도	( )년	• 중국인이 연 중화요릿집 • ( )에게 숙식 제공
		~1980년 대	맛있는 중국음식점으로 유명했음
		( )년~	( )으로 활용 – ( )의 역사에 관해 배울 수 있음

46

[6-8] 글을 읽고 문제를 풀어 보시오.

옛날 어느 시골 마을에 한 농부가 살았는데, 거위를 여러 마리 키우고 있었습니다. 어느 날 아침, 여느 때와 마찬가지로 거위들에게 모이를 주려던 농부는 깜짝 놀랐습니다. 한 거위가 눈앞에서 황금알을 낳지 뭐예요! 놀란 농부는 그 거위를 집으로 데려왔습니다. 거위는 다음 날 아침에도 황금알을 낳았고, 그 뒤로도 하루에 한 알씩 황금으로 된 알을 낳았습니다. 농부는 그 알들을 팔아 부자가 되었고, 아무 어려움 없이 생활하게 되었습니다. 농부는 황금알을 낳는 거위를 몹시 아껴서 가장 맛있고 신선한 모이를 주고 따뜻한 잠자리를 마련해 주며 애지중지 키웠습니다.

그러던 어느 날, 농부는 통통하게 살이 오른 이 거위를 바라보다가 문득 이런 생각을 했습니다.

'저 뱃속에 황금알이 가득 들어 있겠지? 매일 한 알씩 기다리느니 배를 가르면 황금알을 한꺼번에 얻을 수 있지 않을까?'

누구에게도 묻지 않고, 농부는 바로 거위의 배를 갈랐습니다. 그런데 웬걸! 거위의 뱃속에는 황금알이 전혀 없었습니다. 그러자 농부는 땅을 치며 후회했습니다.

"그냥 매일 하나씩 황금알 낳는 것을 기다릴걸! 내가 왜 그런 선택을 했을까?"

• 여느 보통, 평소처럼
• 모이 거위나 닭 등의 먹이
• 살이 오른 살이 붙은
• 갈랐습니다 쪼개거나 나누다 웹 가르다

6 아래 주어진 낱말의 뜻에 해당하는 말을 글에서 찾아 쓰시오.

몹시 아끼고 사랑해서 소중히 대하는 모양을 나타내는 말

_____

 7 이 글에서 얻을 수 있는 교훈은 무엇인가?

① 세상에는 황금알을 낳을 수 있는 거위가 있다.

② 지나치게 욕심을 부리면 중요한 것을 잃는다.

③ 부자가 되기 위해서는 과감하게 행동해야 한다.

④ 만약을 대비해 항상 준비되어 있어야 한다.

추론하기 8 글에 나타나는 농부의 성격은 어떤 것 같은가?

① 신중하고 생각이 많다

② 돈에 욕심이 없다

③ 남의 의견에 휘둘린다

④ 욕심이 많고 어리석다

[9-13] 글을 읽고 문제를 풀어 보시오.

오랜 기간 비가 내리지 않아 가뭄이 심한 아프리카 여러 나라의 시골에서는 물을 구하는 것이 가장 큰 일입니다. 물을 공급할 수 있는 설비가 제대로 갖추어지지 않은 탓에, 물을 구하기 위해 어른 아이 할 것 없이 큰 물통을 지고 물을 얻으러 먼 거리를 가야 합니다. 그렇게 물통 가득 물을 담아 머리에 이고 힘겹게 집으로 돌아오는 모습은 흔히 볼 수 있는 광경입니다. 매일 무거운 물통을 머리에 이고 다니다 보니 아이들은 키가 잘 자라지 않았고, 척추에 문제가 생긴 사람들도 많았습니다.

이런 문제를 해결하기 위해 좀 더 편하게 물을 운반할 수 있는 물건이 만들어졌습니다. 대표적인 것이 바로 히포 롤러입니다. 영어로 '하마 굴림통'이라는 뜻인 이것은 한 번에 약 90ℓ(리터)까지 물을 담아 운반할 수 있는 둥근 물통입니다. 많은 양의 물을 담을 수 있고, 무엇보다 작은 아이도 손잡이를 밀거나 당겨서 통을 바퀴처럼 쉽게 굴릴 수 있습니다. 물통의 벽이 두꺼워서 튼튼하고, 자외선을 막아 주어 통 안의 물 온도를 일정하게 유지할 수 있는 데다가, 제품의 수명도 5~7년 정도로 깁니다. 이런 장점들 때문에 히포 롤러를 아프리카의 여러 나라에 보내는 프로젝트가 시작되었고, 이것은 현재 수많은 사람이 물을 운반하는 것을 돕고 있습니다.

• 가뭄 지나치게 오랫동안 비가 내리지 않는 기간이 계속되는 현상
• 설비 필요한 것을 갖춤. 또는 그런 시설
• 이고 머리에 얹고 ⑩ 이다
• 수명 제품을 사용할 수 있는 기간 (※생물의 수명은 '생물이 살아 있는 기간')
• 프로젝트 특정 목적을 이루기 위해 짜여지는 작업

이 글의 글감으로 알맞은 것은 무엇인가?

① 아프리카   ② 무거운 물통

③ 히포 롤러   ④ 제품 수명

빈칸을 채워 히포 롤러가 만들어진 이유를 완성하시오.

| | 을 구하기 위해 매일 무거운 | | | 을 | | | 에 |

이고 다녀야 하는 문제를 해결하고자 만들어졌다.

글에 따르면 크고 무거운 물건을 옮기는 가장 쉬운 방법은 무엇일까?

① 작게 부숴서 들고 간다.

② 물건의 밑바닥에 바퀴를 단다.

③ 친구들을 불러 모아 함께 들고 간다.

④ 발로 밀면서 이동시킨다.

히포 롤러에 관한 설명 중 바른 것에는 ○, 바르지 않은 것에는 ✕를 표시하시오.

(1) 한 번에 많은 물을 담을 수 있는 용기이다.   ( )

(2) 통을 밀고 당기기 힘들어서 이동이 어렵다.   ( )

(3) 물통은 튼튼하지만, 제품 수명은 짧은 편이다.   ( )

(4) 물의 온도를 일정하게 계속 유지할 수 있다.   ( )

요약하기 13 〈보기〉에서 찾은 알맞은 말로 빈칸을 채워 글을 요약하시오.

〈보기〉

| 물통 | 90 | 유지 | 척추 |
| 히포 룰러 | 자외선 | 온도 | |

영어로 '하마 굴림통'이라는 뜻을 지닌 (   )는 현재 아프리카 여러 나라의 시골에서 사용되고 있는 제품이다. 이 제품은 약 (   )ℓ까지 많은 양의 물을 담을 수 있고, 아이들도 굴리기 쉽게 만들어져 있다. 또한 통이 튼튼하며 (   )을 차단해 물의 (   )를 일정하게 (   )하고, 꽤 오래 쓸 수 있다는 장점이 있다. 예전에는 물이 가득 든 무거운 (   )을 머리에 이고 먼 거리를 걸어 집까지 가야 했기에 아이들의 키가 잘 자랄 수 없었고 (   )에도 문제가 생겼으나, 이 제품이 나오면서 그러한 문제가 크게 해결되었다.

[14-20] 글을 읽고 문제를 풀어 보시오.

화창한 어느 오후, 까마귀 한 마리가 나뭇가지에 앉아서 따뜻한 햇볕을 즐기고 있었다. 까마귀는 큰 치즈 한 덩이를 부리에 물고 있었다.

'오늘 저녁에는 이것을 먹으면 되겠구나!'

까마귀는 치즈를 배불리 먹을 생각에 신이 났다.

그때 여우 한 마리가 그 아래를 지나가다가 까마귀를 쳐다보았다. 글쎄, 여우가 제일 좋아하는 치즈를 까마귀가 물고 있는 것이 아닌가!

'앗, 치즈! 맛있어 보이는데. ㉠저건 내가 먹어야겠어.'

여우는 어떻게 하면 까마귀에게서 치즈를 빼앗을 수 있을까 궁리하기 시작했다. 생각을 거듭한 끝에 마침내 좋은 생각이 떠오른 여우는 까마귀에게 말을 걸었다.

"거기, 까마귀님! 안녕하세요?"

자기를 부르는 소리에 밑을 내려다본 까마귀는 여우와 눈이 마주치자 고개를 까닥했다.

"전 옆 숲에 사는 여우랍니다. 제가 갑자기 말을 걸어서 깜짝 놀랐죠? 다름이 아니라, 까마귀님이 예뻐서요. 까마귀님처럼 예쁜 새는 태어나서 처음 봐요."

털이 까매서 못생겼다고, 그리고 목소리도 너무 크고 시끄럽다고 늘 다른 새들에게 놀림만 받던 까마귀였다. 까마귀는 여우의 칭찬을 듣고는 깜짝 놀랐다. ㉡정말일까 믿기지 않았다.

까마귀가 별 대꾸를 하지 않자 여우는 다시 한번 까마귀를 칭찬했다.

"제 말을 안 믿으시는 것 같은데, 진짜입니다. 전 까만 색을 좋아하는데 털이 까맣고 반드르르 윤기가 흘러서 정말 예뻐요. 어쩜 그리 예쁘세요?"

여우의 계속되는 칭찬에 까마귀는 기분이 좋아지기 시작했다. 여우는 까마귀의 눈치를 슬쩍 보고는 다시 칭찬을 건넸다.

"예쁜 모습만큼이나 까마귀님의 목소리도 아름답겠죠? 까마귀님의 노랫소리를 한 번만이라도 들을 수 있다면 얼마나 좋을까요!"

태어나서 처음으로 자기를 예쁘다고 칭찬해 준 여우를 위해 까마귀는 ⓒ여우가 원하는 것을 해 주고 싶었다. 까마귀는 입을 열었다. 그 순간, 치즈가 바닥으로 떨어졌다!

"앗!"

까마귀는 당황했고, 여우는 재빨리 치즈가 떨어진 곳으로 달려가서 까마귀를 쳐다보며 말했다.

"ⓔ이거 내가 가장 좋아하는 거거든. 까마귀야, 고맙다. 잘 먹을게.

	."

여우는 멍한 표정의 까마귀를 뒤로 한 채 치즈를 물고는 유유히 사라졌다.

· 궁리 마음으로 이리저리 따지면서 좋은 방법을 찾아내려고 생각함. 또는 그런 생각
· 까닥했다 고개를 위아래로 가볍게 한 번 움직였다 웹 까닥하다
· 대꾸 남의 말을 그대로 받아들이지 않고 자기의 생각을 말하는 일. 또는 그런 말(※'말대꾸'라고도 함)
· 유유히 서두르지 않고 여유 있게

 14 글의 밑줄 친 ㉠과 ㉣이 **공통으로** 가리키는 것은 무엇인지 쓰시오.

_____

추론하기 15 글의 밑줄 친 ⓒ처럼 까마귀가 여우의 칭찬을 믿을 수 없었던 이유는 무엇일까?

① 까마귀는 여우가 거짓말쟁이라는 것을 알고 있었기 때문에

② 까마귀는 자기가 예쁘다는 것을 이미 알고 있었기 때문에

③ 여우가 처음 만났을 때부터 자기를 못생겼다고 놀렸기 때문에

④ 지금까지 한 번도 예쁘다는 말을 들어 본 적이 없었기 때문에

내용 파악하기 16 글의 밑줄 친 ⓒ여우가 원하는 것은 무엇인지 쓰시오.

까마귀의 [ ][ ][ ][ ]를 들어 보는 것

원인과 결과 알기 17 글에 따르면, 여우가 까마귀에게 계속 칭찬을 늘어놓은 이유는 무엇인가?

① 까마귀와 아주 친한 친구가 되고 싶어서

② 까마귀가 지금까지 본 새 중에서 가장 예뻤기 때문에

③ 까마귀의 부리를 열어서 물고 있던 치즈를 놓치게 하려고

④ 까마귀처럼 자기도 까만 털에 예쁜 목소리를 갖고 싶어서

추론하기 18 다음 중 빈칸에 들어가기에 알맞은 여우의 말은 무엇일지 고르시오.

① 까마귀야, 넌 그다지 영리하지는 않구나.

② 까마귀야, 넌 치즈를 싫어하는 것 같구나.

③ 까마귀야, 넌 정말 못된 친구구나.

④ 까마귀야, 네 노랫소리가 진짜 예쁘다.

추론하기 19 아래 ㉠~㉣이 각각 누구의 성격으로 알맞을지 구분해서 쓰시오.

> ㉠ 어리석다   ㉡ 꾀가 많다
>
> ㉢ 약삭빠르다   ㉣ 남의 말을 잘 믿는다

● 여우: _____   ● 까마귀: _____

요약하기 19 이야기의 순서에 맞게 아래 ㉠~㉣을 나열하시오.

> ㉠ 지나가던 여우가 까마귀가 물고 있던 치즈를 뺏고 싶어서 말을 걸었다.
>
> ㉡ 까마귀가 부리를 열자 치즈가 떨어졌고, 여우는 치즈를 물고는 사라졌다.
>
> ㉢ 자기를 계속 칭찬해 준 여우가 고마워서 까마귀는 여우가 요청한 대로 노래를 들려주려고 했다.
>
> ㉣ 치즈 한 덩이를 문 까마귀가 나뭇가지에 앉아 있었다.

(_____ → _____ → _____)

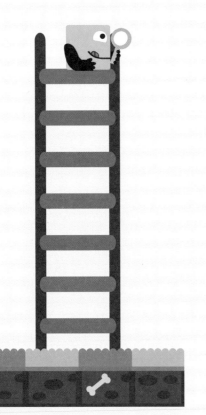

무엇을 읽을까

1과 재미있는 글

소설, 전래동화 등 우리는 책에서 여러 재미있는 이야기를 많이 읽습니다. 이런 이야기들을 읽으면서 내가 알지 못하던 세계를 접하게 되고 상상력도 풍부해지죠. 이런 재미있는 이야기의 세계로 떠나 볼까요?

목표 다음 독해 기술을 이용해 봅시다.

○ 낱말 이해하기

✓ **가리키는 말 알기**

○ 글감 파악하기

○ 주제 이해하기

✓ **내용 파악하기**

✓ **원인과 결과 알기**

○ 적용하기

✓ **요약하기**

✓ **추론하기**

교과서 연계
- [3학년 1학기] 국어 10단원 '문학의 향기'
- [3학년 1학기] 국어 독서단원 '책을 읽고 생각을 나누어요'
- [3학년 2학기] 국어 7단원 '글을 읽고 소개해요'
- [3학년] 도덕 2단원 '인내하며 최선을 다하는 생활'
- [3학년] 도덕 3단원 '사랑이 가득한 우리 집'

아래 상황을 보고, 다음 질문에 관한 답을 예상해 봅시다.

1

(1) 임금님은 자기가 속옷 차림이라는 것을 알고 있는 것 같은가?
    ㉠ 그렇다   ㉡ 아니다

(2) 백성들은 임금님을 보면서 무슨 생각을 할까?
    ㉠ 임금님이 너무 웃기다.
    ㉡ 우리 임금님은 속옷밖에 안 입었어도 멋지다.

2

(1) 여자는 어떤 상황인 것 같은가?
    ㉠ 병이 들어 아프다.
    ㉡ 잠자기를 정말 좋아하는 게으름뱅이다.

(2) 비를 맞은 나뭇잎은 어떻게 될 것 같은가?
    ㉠ 세찬 비에 곧 떨어질 것 같다.
    ㉡ 잎은 절대로 떨어지지 않을 것 같다.

3

(1) 신의 말을 들은 왕은 어떤 심정인 것 같은가?
    ㉠ 매우 당황하고 있다.
    ㉡ 무척 기뻐 보인다.

(2) 왕은 황금을 어떻게 생각하는 것 같은가?
    ㉠ 황금을 좋아하는 것 같다.
    ㉡ 황금을 쓸데없다고 생각하는 것 같다.

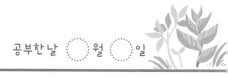

01

● 〈탈무드〉라는 책을 읽어 본 적 있나요?

옛날 어느 마을에, 아들은 외국에 공부하러 가고 혼자 지내는 아버지가 있었습니다. 나이가 들어 몹쓸 병에 걸린 아버지는 죽기 전 유서를 썼습니다. 유서의 내용은 집에서 일하는 하인에게 전 재산을 물려주고, 아들에게는 아들이 원하는 것 한 가지를 주라는 것이었습니다.

하인은 기쁜 마음으로 유서를 들고 외국에 있는 아들에게 달려갔습니다. 아들은 아버지의 유서를 확인하고 몹시 당황했습니다.

집으로 돌아온 아들은 스승을 찾아가 아버지의 유서를 보이며 물었습니다.

"스승님, 제가 무엇을 잘못했길래 아버지가 제게 재산을 물려주시지 않았을까요?"

"흠, 자네 아버지는 참으로 지혜로운 분이군."

"네? 뭐라고요? 저는 무슨 말씀인지 이해가 안 가는데요?"

"자네는 아버지의 뜻을 전혀 모르고 있군. 아버지는 하인이 자신의 죽음을 자네에게 알리지 않고 재산을 가로챌 수도 있다고 생각했던 걸세. 그래서 하인에게 재산을 물려준다는 유서를 썼고, 하인은 기쁘게 유서를 가지고 자네에게 달려온 거지."

"무슨 말씀인지 아직도 잘 모르겠습니다."

"하인의 재산은 누구의 것인가? 모두 주인의 것이 아닌가? 자네 아버지는 자네가 원하는 것 하나를 가지라고 하지 않았는가?

⎣_____ ㉠ _____⎦.

이 얼마나 지혜로운 분이신가?"

이 말을 들은 아들은 스승님께 감사 인사를 드리고 하인에게 가서 소원을 말했습니다. ㉡하인은 매우 아쉬워했으나 아들은 하인에게 재산을 나눠 주고 자유의 몸이 되게 해 주었습니다. 그 이후 아들은 아버지께서 물려주신 재산과 지혜에 감사하며 살았습니다.

단어 뜻 보기

유서 자신이 죽고 나서 어떻게 해 주기를 원하는지 적어 놓은 글

하인 다른 사람을 모시고 그 사람 집에 매여 일하는 사람

지혜로운 여러 가지 상황에서 현명하게 대처할 수 있는 ⑲ 지혜롭다

가로챌 옳지 못한 방법으로 남의 것을 내 것으로 만들 ⑲ 가로채다

1 아버지는 왜 하인에게 재산을 전부 물려준다고 했을지 고르시오.

① 아버지는 하인이 재산을 가로챌 수 있다고 생각했다.

② 아버지는 하인을 매우 아껴서 재산을 물려주고 싶었다.

③ 아버지는 재산을 불리게 도와준 하인에게 은혜를 갚고 싶었다.

④ 아버지는 아들보다 하인이 재산을 잘 지킬 거라고 생각했다.

2 다음 중 글의 빈칸 ㉠에 들어갈 스승의 조언으로 알맞은 것을 고르시오.

① 자네는 재산을 물려받은 하인을 선택하면 되네.

② 자네는 아버지의 유서가 가짜라고 우기면 되네.

③ 자네는 계속 나와 함께 있으면서 공부하면 되네.

④ 자네는 마음을 비우고 재산을 하인에게 주면 되네.

3 글의 밑줄 친 ㉡처럼 하인이 아쉬워한 이유는 왜일까?

① 아들이 하인에게 자유를 주지 않아서

② 아들이 아버지의 사랑을 깨닫지 못해서

③ 자기가 재산을 모두 가질 수 없게 되어서

④ 스승에게 인사를 못하고 헤어지게 되어서

4 글의 내용으로 바른 것에는 ○, 바르지 않은 것에는 ×를 표시하시오.

(1) 아버지는 아들이 재산을 잘 물려받게 되기를 원했다. ( )

(2) 아들은 유서를 받자마자 아버지 마음을 이해했다. ( )

(3) 아버지는 아들의 스승을 통해 유서를 전달했다. ( )

(4) 아들은 하인이 괘씸해서 자유롭게 놓아 주지 않았다. ( )

02

● 오 헨리의 〈마지막 잎새〉를 읽어 본 적 있나요?

친구인 수와 존지는 가난한 예술인 마을의 벽돌집 3층에서 살고 있었습니다. 몸이 약했던 존지는 병에 걸렸는데, 의사는 존지가 살아날 가망이 거의 없다고 말했습니다.

존지는 창밖 너머 벽에 붙은 담쟁이덩굴이 차가운 가을바람에 이파리를 떨어트리는 모습을 바라보며 말했습니다.

"열둘, 열하나, 열……. 사흘 전에는 백 장쯤 있었는데. 저 담쟁이덩굴의 마지막 잎이 떨어지면 나도 이 세상을 떠나겠지."

그런 존지를 보며 속이 상했던 수는 이웃집 베어만 아저씨께 존지의 이야기를 했습니다. 베어만 아저씨는 그림을 그리며 어렵게 사는 화가였습니다.

"뭐라고? 그런 말도 안 되는 생각을 하다니! 불쌍한 존지……."

가을이 깊어가던 어느 날, 밤새 비가 심하게 내리쳤습니다. 그리고 다음날 아침 존지가 말했습니다.

"커튼 좀 열어 줘. 밖을 보고 싶어."

수는 마지못해 커튼을 열었습니다. 그런데 이게 웬일인가요! 밤새 비가 내리고 바람이 불었는데도 담쟁이 잎이 한 장 남아 있었습니다.

"저게 마지막 잎새야. 아직은 남아 있네. 하지만 오늘 중에 떨어지겠지? 그럼 나도 죽는 거야."

다음날이 오고 또 하루가 더 지났지만 잎새는 굳건히 가지에 붙어 떨어지지 않았습니다. 그 잎새를 보고 존지는 살 수 있다는 희망을 가지게 되었고, 마침내 건강을 회복했습니다. 어느 날 수는 존지를 꼭 끌어안고 이야기를 전해 주었습니다.

"존지, 놀라지 마. 베어만 아저씨가 얼마 전에 돌아가셨대. 비가 심하게 내린 날 밤에 그림을 그리러 나갔다 집에 돌아온 후 폐렴에 걸려서……."

단어 뜻 보기

가망 원하는 것이 이루어질 가능성

이파리 나무나 풀에 달린 잎

마지못해 내키지 않지만 안 할 수 없어서 웬 마지못하다

잎새 나무의 잎 하나하나

굳건히 매우 튼튼히

폐렴 폐에 염증이 생기거나 폐가 붓는 병

1 존지는 왜 담쟁이덩굴의 이파리를 세고 있었는가?

① 담쟁이덩굴의 이파리가 떨어지는 게 아쉬워서

② 수가 이파리 수를 세 달라고 부탁해서

③ 자기 처지가 담쟁이덩굴의 이파리와 비슷하다고 생각해서

④ 병들어 움직일 수 없기에 달리 할 일이 없어서

 2 글의 밑줄 친 그런 말도 안 되는 생각은 어떠한 생각인지 쓰시오.

_____면 자기도 죽을 거라는 생각

 3 존지가 건강을 회복하게 된 가장 큰 이유는 무엇일 것 같은가?

① 의사 선생님이 좋은 약을 주고 치료해 주어서

② 수와 베어만 아저씨의 정성스러운 간호 덕분에

③ 더 넓고 따뜻한 집으로 이사를 하고 편히 쉬어서

④ 마지막 잎이 떨어지지 않는 것을 보고 희망이 생겨서

4 마지막 담쟁이덩굴 잎이 밤사이 떨어지지 않았던 이유를 추론해서 쓰시오.

베어만 아저씨가 벽에 담쟁이덩굴의 [   ] 을

[   ][   ] 놓았기 때문에

63

03

● '미다스의 손'에 관해 들어 본 적 있나요?

무엇에 손을 대든 성공해서 부자가 되는 사람을 가리켜 '미다스의 손'이라고 합니다. 그리스 신화에 나오는 미다스 왕에 관한 이야기에서 유래된 표현인데, 왜 이런 말이 생긴 걸까요? (㉠)

미다스 왕은 금은보화를 가진 부자였습니다. 그런데도 언제나 더 많은 금과 돈을 갖고 싶어 했죠. 어느 날 잔치를 열고 있는데 농부들이 술 취한 노인을 임금님께 데리고 왔습니다. 미다스 왕이 자세히 보니 그 노인은 술의 신 디오니소스의 스승인 실레노스였습니다. 미다스 왕은 실네노스를 극진히 대접하고 디오니소스에게 데려다주었습니다. 스승이 돌아와서 기뻤던 디오니소스는 미다스에게 감사 인사를 하며 소원을 들어주겠다고 했습니다.

"신이시여, 저는 세상의 모든 황금을 갖고 싶습니다."

"정말 바라는 게 그것이냐? 좋다. 이제 네가 만지는 것은 모두 황금으로 변할 것이다."

만지는 것마다
황금으로 변할 것이다

다음날부터 왕이 만지는 것마다 황금으로 변했습니다. (㉡)

"껄껄껄! 이것 보아라, 모두 황금이다!"

그러나 기쁨도 잠시, 문제가 발생하기 시작했습니다. 배가 고파진 왕이 식사를 하려고 음식을 손에 대자 다 황금으로 변해 버린 것입니다. 빵도 과일도 심지어 물도 모두 황금으로 변해 아무것도 먹을 수 없었습니다. (㉢)

견디다 못한 왕은 다시 디오니소스에게 찾아가 부탁했습니다.

"신이여, 제발 부탁입니다. 제 손을 원래대로 해 주십시오."

"그럼 팍톨로스 강에 가서 몸을 씻어라."

미다스 왕이 강에 가서 몸을 씻자 손은 원래대로 돌아왔습니다. (㉣)

만지는 것마다 다 황금으로 바꾸는 미다스의 손. 어떤 일을 벌이든 돈을 잘 버는 사람을 가리키는 말이 된 이유를 알겠지요?

단어 뜻 보기

유래 사물이 비롯된 내력
극진히 매우 정성스럽게

1 다음 중 글의 내용과 **다른** 것은 무엇인가?

① 미다스 왕은 디오니소스의 스승을 극진히 대접해 주었다.

② 신인 디오니소스는 미다스 왕의 소원을 들어주었다.

③ '미다스의 손'은 하는 일마다 성공해서 돈을 잘 버는 사람을 가리킨다.

④ 미다스 왕이 만지는 것마다 황금으로 변해서 왕은 계속 행복했다.

 2 글의 ㉠~㉣ 중 아래 문장이 들어갈 가장 알맞은 자리를 고르시오.

모든 것을 황금으로 바꾸는 손이 오히려 재앙이 된 것입니다.

① ㉠　　　　② ㉡　　　　③ ㉢　　　　④ ㉣

 3 글에서 드러나는 미다스 왕의 성격으로 알맞지 **않은** 것은 무엇인가?

① 욕심이 많다　　　　② 돈을 좋아한다

③ 어리석다　　　　④ 소박하다

4 이야기가 일어난 순서대로 아래 ㉠~㉣를 나열하시오.

㉠ 디오니소스는 스승을 대접한 미다스 왕의 소원을 들어 주었다.

㉡ 미다스 왕은 자신의 능력이 사라지게 해 달라고 빌었다.

㉢ 미다스 왕은 잔치를 여는 도중 디오니소스의 스승을 극진히 대접했다.

㉣ 미다스 왕이 만진 모든 것, 심지어 음식까지 황금으로 변했다.

(　　　　→　　　　→　　　　→　　　　)

● 〈벌거벗은 임금님〉 이야기를 읽어 본 적 있나요?

옛날 어느 나라에, 몸치장하는 것만 좋아하는 임금님이 있었습니다. 임금님은 백성들이 어떻게 살고 어떤 어려움이 있는지 살펴보지 않고, 자기가 입는 옷과 신발, 장신구에만 관심이 있었습니다.

어느 날, 세상에서 가장 옷을 잘 만든다고 소문이 난 재단사들이 왕궁에 들어왔습니다. 왕은 그들에게 최고의 옷을 만들어 달라고 부탁했습니다. 며칠이 지나서 임금님은 신하를 시켜 옷이 어느 정도나 진행이 되었는지 살피고 오라고 하였습니다. 신하가 재단사들의 방에 들어가 보니 옷감은커녕 실과 바늘도 보이지 않았습니다. 재단사들은 공중에서 팔을 허우적거리며 옷감 짜는 시늉을 하고 있었습니다.

"옷감은 어디에 있나요?"

"저런! 우리의 멋있는 옷감이 안 보이시는 건가요? 이 옷감은 마음이 착한 사람에게만 보이는 신비한 옷감이랍니다."

㉠이 말을 들은 신하는 당황하며 옷감이 보인다고 거짓말을 하고 임금님께 보고했습니다. 두어 달이 지나자 재단사들은 임금님께 찾아와 새 옷이 완성되었다며 옷을 손에 들고 있는 시늉을 하였습니다. 당연히 새 옷은 전혀 보이지 않았지만, 임금님은 신하의 말을 떠올리고 말했습니다.

"정말 훌륭하구나. 내가 세상에서 본 옷 중에서 제일 멋있구나!"

"자, 이제 입어 보시지요."

임금님은 입던 옷을 벗고 벌거숭이가 되어 재단사들이 입혀 주는 옷을 입는 시늉을 했습니다. ㉡그들이 옷을 하나씩 입혀 주었지만 거울에 비친 임금님의 모습은 벌거숭이였습니다. 하지만 신하들은 모두 사실대로 말을 못하고 멋진 옷이라 거짓말을 했습니다. ㉢그들의 거짓말에 기분이 좋아진 임금님은 재단사들에게 많은 돈을 옷값으로 주었습니다.

재단사들이 떠난 뒤 임금님은 백성들 앞에서 그 옷을 입고 행진하기로 마음먹었습니다. 임금님을 본 백성들은 무척 놀라 웅성거

단어 뜻 보기

장신구 반지나 목걸이 등 몸을 치장할 때 쓰는 물건

재단사 옷감을 치수에 맞게 재는 직업의 사람

커녕 어떤 사실을 부정할 때 쓰는 표현(예 이 나무는 열매는커녕 꽃도 안 핀다.)

시늉 어떤 모습이나 소리, 행동을 따라하는 것

벌거숭이 옷을 전혀 입지 않은 알몸

렸습니다.

"아니, 저게 뭐죠?"

'모두 내 새 옷을 보고 놀라 할 말을 잃었구나!'

백성들이 웅성거리는 것이 자신의 새 옷 때문이라고 믿은 임금님은 우쭐해져서 더 당당히 걸었습니다. 한참을 행진하는데 갑자기 한쪽에서 깔깔 웃으며 아이가 말했습니다.

"임금님은 벌거벗었는데요. 아이, 창피해!"

백성들은 킥킥거리며 웃기 시작했고, 그제서야 ㉣진실을 알게 된 임금님은 창피해서 얼굴이 빨개졌습니다.

가리키는 말 알기 ★★ 1 글의 밑줄 친 ㉠, ㉡, ㉢이 각각 가리키는 것이 무엇인지 쓰시오.

(1) ㉠이 말: 재단사들이 만든 옷감은 ☐☐ 이 ☐☐

사람들에게만 보이는 옷감이라는 말

(2) ㉡그들: ☐☐☐☐

(3) ㉢그들: ☐☐☐

추론 하기 ★★★ 2 임금님이 밑줄 친 것처럼 말한 이유는 무엇일지 고르시오.

① 칭찬하지 않으면 재단사들이 옷을 멋지게 안 만들까 봐

② 다른 사람들이 자신을 나쁜 사람으로 생각할까 봐

③ 옷이 마음에 안 들었지만 차마 화를 낼 수 없어서

④ 임금님의 눈에는 진짜로 좋은 옷이 보이기 때문에

★★★

내용 파악하기 3 임금님에 관한 설명 중 바른 것에는 ○, 바르지 <u>않은</u> 것에는 ×를 표시하시오.

(1) 임금님은 자기 자신을 꾸미는 데만 관심이 있었다.   (   )

(2) 진실을 말하는 정직한 신하들이 주변에 있었다.   (   )

(3) 임금님은 새 옷을 입은 자신을 백성들이 칭찬해 주길 바랐다.   (   )

(4) 임금님은 백성들이 입을 좋은 옷을 만들어 주고 싶었다.   (   )

내용 파악하기 4 글의 밑줄 친 ㉣진실이 의미하는 것은 무엇인가?

① 재단사들이 만든 옷이 아름답지 않다는 것

② 임금님이 아무런 옷을 입지 않았다는 것

③ 아이들이 임금님의 화려한 옷을 좋아한다는 것

④ 임금님이 자기를 꾸미는 데만 관심이 있다는 것

추론 하기 5 임금님은 어떠한 성격의 사람인 것 같은가?

① 자기만 사랑하는 사람

② 정직한 사람

③ 백성을 아끼는 사람

④ 자신을 내세우지 않는 사람

✪ 나만의 이야기 만들기 ✪

상상으로 이야기 짓는 것을 좋아하나요?
아래 인물 중 원하는 등장인물을 뽑고, 배경과 사건 등을
간략히 정리한 다음 재미난 이야기를 써 봅시다.

거인   마법사   공룡   난쟁이   공주   해적

인어   왕   괴물   기사   왕자   왕비

★ 등장인물: ....

★ 배경(시간, 장소 등): ....

★ 발생한 사건: ....

제목: _____

....

....

....

....

◆ 예시 답안은 149쪽에 있습니다.

2과 바람직한 인성

사람들은 모두 생각과 처지가 다르기 때문에 함께 살아가다 보면 여러 가지 문제가 생깁니다. 이럴 때 상대방의 입장을 고려하면서 조금씩 서로 양보하면 함께 어우러져 사는 즐겁고 화목한 공동체를 만들 수 있습니다.

목표 다음 독해 기술을 이용해 봅시다.

- ✅ **낱말 이해하기**
- ✅ **가리키는 말 알기**
- ⭕ 글감 파악하기
- ✅ **주제 이해하기**
- ✅ **내용 파악하기**
- ✅ **원인과 결과 알기**
- ✅ **적용하기**
- ⭕ 요약하기
- ✅ **추론하기**

깨끗하게 청소하자

교과서 연계
- [3학년] 도덕 1단원 '나와 너 우리 함께'
- [3학년] 도덕 2단원 '인내하며 최선을 다하는 생활'
- [3학년 2학기] 국어 2단원 '중심생각을 찾아요'

다음 상황에서 (ㄱ)과 (ㄴ) 중 어떤 것이 바람직할지 생각해 보고, 알맞은 것을 골라 봅시다.

1 도서관을 이용할 때

(ㄱ) 도서관은 모든 사람이 이용하는 장소니까 다른 사람에게 방해가 되지 않게 조용히 다니고, 책상에서 음식물을 먹지 말아야 해.

(ㄴ) 도서관에서는 왔다 갔다 하면 다른 사람에게 방해가 될 테니까 전화가 오면 그냥 앉은 자리에서 조용하게 통화하는 게 나아.

2 안내견과 함께 있는 시각장애인을 길에서 마주쳤을 때

(ㄱ) 안내견이 진짜 귀엽고 듬직하네! 안내견에게 말을 걸고 머리를 쓰다듬어 주고 싶어.

(ㄴ) 갑자기 내가 안내견을 만지면 안내견이 놀라서 움직이다가 시각장애인분이 다칠 수 있어. 정말 귀여워서 만지고 싶지만 참아야지.

3 소풍을 하러 가서 도시락을 먹은 다음

(ㄱ) 쓰레기통이 근처에 없네? 나중에 공원 관리하는 분이 치우시기 쉽게 음식물 쓰레기는 한곳에 잘 쌓아 두고, 빨리 놀자.

(ㄴ) 집에서 음식물 쓰레기 담을 봉지를 준비해 왔어. 버릴 것들은 여기에 담아 집에 가지고 간 다음 분리해서 버리자.

새로운 과를 시작하자!

01

● 친구와 다툼이 생겼을 때는 어떻게 해결하나요?

지수와 수민이는 2학년 때 친하게 지내던 친구였습니다. 그런데 학예회 연극 때 둘 다 주인공 역할을 하고 싶어 했습니다. 결국 수민이가 지수에게 양보하고 연극 연습을 시작했지만, 친구들은 수민이가 더 잘하는데 지수가 고집을 부려 수민이의 배역을 빼앗았다고 수군거리기 시작했습니다. 우연히 그 말을 들은 지수는 괜히 수민이에게 서운한 마음이 들었습니다. 그렇게 지수는 불편한 마음으로 2학년을 마쳤습니다.

3학년이 되어 지수는 수민이와 다시 잘 지내고 싶은 마음에 학교가 끝나고 함께 떡볶이를 먹자고 제안했습니다. 음식을 먹으면서 대화를 나누다가 자연스럽게 작년 연극에 대해 이야기를 하게 되었습니다. 알고 보니 수민이는 ㉠그때의 상황에 대해 전혀 눈치채지 못하고 있었습니다.

"그랬구나. 나는 정말 몰랐어. 내가 그 책 주인공을 정말 좋아해서 그 역을 꼭 하고 싶었거든. 그런데 생각해 보니 지수 너도 ㉡그렇겠다는 생각이 들었어. 게다가 네가 나보다 연기를 더 잘해서 양보했던 건데, ㉢이상한 오해가 생겨 버렸네. 속상했겠다."

"내가 억지로 배역을 뺏은 것 같아서 마음이 좋지 않았어. 게다가 애들이 자꾸 그런 식으로 말하니까 좀 힘들었어. 하지만 이렇게 속에 있던 이야기를 솔직하게 말하니까 좋다."

"나도야. 그리고 우리 앞으로 서운한 일 생기면 오늘처럼 솔직하게 서로 말하자. 약속!"

지수와 수민이는 손가락을 걸고 약속한 뒤 떡볶이를 냠냠 맛있게 먹었습니다.

단어 뜻 보기

배역 연극이나 영화에서 배우에게 연기할 등장인물의 역을 맡기는 것

제안 의견을 내놓는 일

오해 사실과 다르게 이해하는 것

1 지수가 수민이에게 어색함을 느끼게 된 이유는 무엇인가?

① 수민이가 연극 연습을 자꾸 빼먹고 열심히 안 해서

② 친구들이 지수가 수민이의 배역을 빼앗았다고 해서

③ 지수가 수민이보다 연기를 잘한다고 친구들이 평가해서

④ 둘 다 연극 주인공을 하겠다고 양보하지 않아서

2 글의 밑줄 친 ㉠과 ㉡이 각각 어떤 내용을 가리키는지 쓰시오.

㉠ 그때의 상황: _____

_____

㉡ 그렇겠다: _____

3 글의 밑줄 친 ㉢이상한 오해가 무엇인지 찾아 쓰시오.

_____

_____

4 다음 중 글의 주제에 알맞게 행동한 친구를 고르시오.

① 지선: 예지가 나한테 화가 난 것 같은데 말을 안 하니까 그냥 무시했어.

② 상엽: 태훈이가 나에게 섭섭하다고 하길래 이유를 묻고 이야기를 나눴어.

③ 소진: 서준이와 은채 둘 중에 발표를 누가 더 잘하는지 말해 줬어.

④ 정재: 나는 반 친구 중에서 생각이 같은 애들하고만 이야기를 나눠.

02

● 친구들과 함께할 수 있는 의미 있는 일은 무엇이 있을까요?

　한 초등학교 가을 운동회에서 6학년생 다섯 명이 달리는 모습을 찍은 사진이 한 인터넷 커뮤니티에 올라왔다. 그런데 사진에는 특이한 점이 하나 있었다. 일반적인 달리기 경기라면 순서대로 뛰고 있을 아이들이, 사진에서는 다섯 명이 나란히 손을 잡고 뛰고 있었던 것이다. 그리고 다섯 명 중 한 학생은 유난히 키가 작았다.

　알고 보니 키가 작은 학생은 장애가 있어서 키가 잘 자라지 않았고 달리기도 잘 못했다고 한다. 특히 매년 있는 운동회 날마다 달리기에서 늘 꼴찌를 했기 때문에 상처를 많이 받았다고 한다. ㉠그런 사정을 알게 된 나머지 네 명의 친구는 초등학교 마지막 운동회를 앞두고 장애가 있는 친구와 ㉡멋진 추억을 만들기 위한 계획을 세웠다. 친구들은 출발 신호가 떨어지자 몇 미터 달려나간 뒤 일제히 멈춰 섰다. 그리고는 뒤돌아서서 꼴찌로 달려오던 친구에게로 뛰어갔다.

　응원하던 전교생들과 선생님들, 학부모들 모두 무슨 일이 벌어지고 있는 것인지 알 길이 없어 당황했고, 꼴찌로 뛰던 친구도 깜짝 놀랐다. 네 명의 친구는 꼴찌인 친구 손을 잡고는 함께 달려 나란히 결승선을 끊었고, 결국 꼴찌가 없이 모두가 일등을 했다. 항상 꼴찌만 하던 학생은 친구들의 행동에 감동해 눈물을 터트렸다고 한다.

　혼자서 일등을 했다면 혼자만 기뻤겠지만 다섯 명이 함께 일등을 했기 때문에 기쁨이 몇 배가 된 것이다. 친구에게 멋진 추억을 남겨 주려고 했던 친구들의 마음 따뜻한 행동은 많은 사람의 가슴에 큰 울림을 주었다.

단어 뜻 보기

장애 신체에 문제가 있거나 정신 능력에 어려움이 있어서 원활하게 활동하지 못하는 상태

길 어떤 일을 하기 위한 방법

울림을 주었다 어떤 것을 통해 마음에 감동을 일으켰다

1 다음 중 밑줄 친 ㉠그런 사정은 무엇을 말하는지 고르시오.

① 전교생과 학부모들이 함께 달리기 경기에 나간 것

② 장애 학생이 6학년이 되어 달리기 경기에 처음 참여한 것

③ 달리기 경기에 참여한 모든 학생이 함께 결승선에 들어온 것

④ 장애 학생이 달리기에서 항상 꼴찌였기에 상처를 많이 받았다는 것

2 글의 밑줄 친 ㉡멋진 추억을 만들기 위한 계획이 무엇인지 빈칸을 채우시오.

달리기 경기 때 [　][　] 가 있는 친구의 손을 잡고 함께

달려서 나란히 [　][　][　] 을 끊고 모두가

[　][　] 을 하는 계획

3 장애 학생의 마음이 달리기 경기 전과 도중, 그리고 끝난 후 어떻게 바뀌었을지 알맞은 것을 고르시오.

	[경기 전]		[도중]		[경기 후]
①	두려움	→	짜증 남	→	슬픔
②	슬픔	→	놀람	→	기쁨
③	당황	→	화 남	→	실망
④	당황	→	신 남	→	놀람

4 이 글에서 배울 수 있는 점은 무엇인가?

① 우정과 배려 　　　　② 대화와 이해

③ 노력과 성실 　　　　④ 참여와 열정

75

03

● 매일매일 내가 가진 것에 감사하는 생활을 하고 있나요?

"자신에게 없는 것 때문에 슬퍼하지 말고, 자신에게 있는 것을 기뻐하고 그것을 발전시키려고 노력해 보세요."

지난 주말, 가족과 함께 갔던 피아노 콘서트에서 희야 언니가 한 말입니다. 희야 언니는 키가 아주 작았는데, 뇌 기능 장애가 있다고 했습니다. 손가락은 두 손을 합쳐서 네 개밖에 없고, 다리도 무릎 아랫부분은 절단했습니다. 그러나 연주하는 내내 밝고 환한 웃음을 잃지 않았고, 재미있고 긍정적인 말로 참석한 사람들을 즐겁게 해 주었습니다.

희야 언니는 처음 피아노를 배울 때 손으로 피아노 건반을 눌러 띵띵 소리를 내는 데도 3개월이 걸렸다고 합니다. 사실 처음에는 뇌 기능 장애 때문에 박자를 제대로 맞출 수도 없었다고 해요. 의사는 희야 언니가 5분 이상 곡을 외운다면 뇌 기능 장애가 심해질 것이라고 말했지만, 희야 언니는 포기하지 않고 하루에 10시간을 연습했다고 합니다. 쇼팽의 〈즉흥 환상곡〉이라는 몹시 어려운 곡을 배울 때는 매일 악보가 너덜너덜해지도록 연습해서 5년 6개월 만에 그 곡을 연주하게 되었습니다.

희야 언니는 남들과 달리 열 손가락이 아닌 네 개의 손가락만 갖고 태어난 것에 대해 원망하지 않는다고 했습니다. "음악을 통해 지친 사람들을 위로하고 희망을 주는 것이 저의 사명이라고 믿습니다."라고 말하며 웃는 언니는 참 멋있었습니다.

언니의 말처럼 내가 가지지 못한 것을 생각하느라 시간을 낭비하지 않고 내가 가진 것에 감사하며 열심히 살아야겠다고 생각했습니다. 또한 장애는 불편한 것이지 불행한 것은 아니라는 생각을 하며 장애인에 대해서도 편견을 갖지 않겠다고 다짐했습니다.

단어 뜻 보기

기능 생물의 기관이 하는 활동
절단 자르거나 베어서 끊는 것
사명 주어진 임무
편견 한쪽으로 치우친 생각이나 의견

1 희야 언니에 관한 내용 중 바르지 <u>않은</u> 것을 고르시오.

① 양 손 합쳐 손가락이 네 개밖에 없다.

② 처음에는 뇌 기능 장애로 박자를 맞추기도 힘들었다.

③ 처음 피아노를 배울 때 쉽게 건반을 쳤다.

④ 〈즉흥 환상곡〉을 5년 6개월 만에 연주할 수 있게 되었다.

 2 희야 언니가 열심히 피아노를 연습해서 연주하는 이유는 무엇인가?

① 손가락을 많이 움직여야 몸이 굳지 않으므로

② 음악으로 사람들을 위로하고 희망을 주고 싶어서

③ 피아노 외에는 할 줄 아는 다른 일이 없어서

④ 피아노 연습이 뇌 기능 장애 치료에 도움이 되므로

 3 다음 중 희야 언니의 성격으로 볼 수 <u>없는</u> 것은 무엇인가?

① 따뜻하고 밝다.

② 긍정적이고 부지런하다.

③ 자신을 불쌍히 여긴다.

④ 쉽게 포기하지 않고 노력한다.

 4 희야 언니를 통해 나타내고자 하는 글의 주제가 무엇인지 고르시오.

① 내가 가진 것에 감사하며 열심히 살자.

② 장애인을 불쌍히 여겨야 한다.

③ 자신의 어려움을 남에게 알려야 한다.

④ 나에게 부족한 점을 파악하는 것이 중요하다.

04

● 구세군 자선냄비는 언제, 어디서 시작했을까요?

해마다 겨울이 되면 구세군의 종소리가 거리를 울립니다.
"딸랑~ 딸랑~. 어려운 이웃을 도웁시다."

빨간 제복을 입은 구세군 직원들이 종을 흔들고 있고 그 앞에는 커다란 빨간 냄비가 있습니다. 전 세계에서 이웃돕기에 앞장서고 있는 구세군은 1865년 영국의 부스 목사가 런던 빈민 지구에서 만든 기구로, 빨간 냄비는 구세군의 상징처럼 여겨집니다. 그렇다면 구세군은 언제부터 자선냄비를 사용하게 되었을까요?

1891년 성탄절, 교회에 가난한 사람들과 큰 재난을 당한 사람들 1,000여 명이 모였습니다. 그때 구세군에서 일하던 조셉 맥피는 이 사람들에게 어떻게 음식을 대접할까 고민하던 중 옛날에 영국에서 가난한 사람들을 돕기 위해 음식 또는 돈을 모으는 용도로 설치되었던 '심슨의 솥'을 떠올렸습니다. 곧 조셉 맥피는 주방에서 사용하던 큰 쇠솥을 들고 거리에 나갔습니다. 그리고 솥 위에 이런 글을 써 붙였습니다.

"이 솥에 음식을 끓입시다."

얼마 지나지 않아 솥 안에는 한 푼 두 푼 돈이 쌓였고, 성탄절에 교회에 모인 어려운 이웃들은 따뜻한 식사를 할 수 있었다고 합니다. 구세군 자선냄비는 바로 이 솥에서 시작한 것이죠.

사랑은 나눌수록 커진다고 하듯, 작더라도 서로 나누면 더 행복한 사회를 만들 수 있을 것입니다. 여러분도 지금부터 작은 나눔을 실천해 보면 어떨까요?

단어 뜻 보기

빈민 지구 가난하고 경제적으로 어려운 사람들이 중심이 되어 모여 사는 지역

성탄절 예수 그리스도의 탄생을 기념하는 기독교의 기념일. 12월 25일 크리스마스를 말함

재난 많은 사람의 생명을 빼앗아가거나 매우 큰 피해를 입히는 자연 현상 또는 사고

심슨의 솥 영국의 심슨이라는 사람이 자신의 솥을 부둣가에 두고서는 가난한 사람들을 돕기 위한 돈을 모았음

내용 파악하기 1 ★★ 다음 중 글을 읽고 알 수 있는 내용이 <u>아닌</u> 것은 무엇인가?

① 구세군을 만든 사람

② 구세군의 역할

③ 구세군 자선냄비의 유래

④ 옛날 영국에서 먹은 음식

내용 파악하기 2 ★★ 조셉 맥피가 어려운 사람들에게 어떻게 음식을 대접했는지 그 과정에 맞게 아래 ㉠~㉣을 순서대로 쓰시오.

㉠ 솥 안에 한두 푼씩 도움의 손길이 쌓이기 시작했다.

㉡ 가난한 사람들에게 대접할 음식을 고민하다 '심슨의 솥'을 떠올렸다.

㉢ 성탄절에 교회에 모인 사람들과 따뜻한 식사를 하였다.

㉣ 조셉 맥피는 쇠솥을 들고 거리로 나갔다.

(→   →   →   )

내용 파악하기 3 ★★★ 글을 읽고 바른 내용에는 ○, 바르지 <u>않은</u> 내용에는 ×를 표시하시오.

(1) 구세군을 처음 만든 사람은 영국인이다.   (   )

(2) 구세군은 1891년 런던 빈민가에서 처음 시작되었다.   (   )

(3) 조셉 맥피가 거리에 들고 나간 솥에는 음식이 잔뜩 쌓였다.   (   )

(4) 현재 구세군은 전 세계적으로 어려운 이웃을 돕고 있다.   (   )

주제 이해하기 4 ★★ 밑줄 친 "사랑은 나눌수록 커진다"의 의미를 글에서 찾은 말로 완성하시오.

가진 것이 작더라도 모두가 조금씩 [|] 면 더 많은 사람이

[|] 해진다.

● '이웃사촌'이라는 말의 뜻이 무엇일지 생각해 봅시다.

얼마 전에 '이웃사촌'이라는 말이 어떤 뜻인지 깨닫게 되었다. 우리 가족이 방학을 맞아 시골 외할머니 댁에 놀러 갔을 때의 일이다. 식사를 마치고 할머니는 생선, 사과, 채소 등을 봉지에 한가득 정성껏 담으셨다. 그 모습을 보고 엄마가 물으셨다.

"어디 가세요? 누구 주시려고요?

"응. 아랫동네 사는 ㉠김씨 주려고."

"그분이 누구신데요?"

"몇 해 전 이사 온 젊은 양반인데 내가 신세 진 게 너무 많아서 그래. 젊은 사람들이 다 이사하고 노인들만 남은 시골에 와서 동네 사람들을 정말 많이 도와주거든. 경운기로 무거운 짐도 실어다 주고, 밭도 같이 갈고 거름도 주고 잡초도 뽑아주지. 고추 말릴 때 허리가 아픈데 그것도 같이 널어 준다니까."

"정말 ㉡고마운 분이시네요. 자기 농사일도 바쁘실 텐데……."

"그게 끝이 아니란다. 지난번 옆집 이씨가 무릎 수술을 했을 때는 병원에 병문안도 오고 밭일도 대신 해 주고 정성으로 도와줬지. 사람들이 입을 모아 자식보다 낫다고 하더라."

나와 엄마는 외할머니를 따라나섰다. 도착해서 엄마는 ㉢아저씨께 감사 인사를 드렸다.

"정말 감사드려요. ㉣자식이지만 가까이 살지 않아서 어머니를 제대로 돌봐드리지 못해서 늘 마음이 쓰였는데 이렇게 살뜰히 챙겨 주시니 고맙습니다."

"에이, 뭘요. 이웃끼리 서로 돕고 사는 거죠."

"자기 일이 바쁜데 다른 사람 신경 쓴다는 게 어디 쉽나요? 정말 감사해요."

"아닙니다. 명절 때마다 할머니께서 이렇게 음식을 챙겨

단어 뜻 보기

양반 어느 정도 나이가 들고 점잖은 남자를 비유적으로 일컫는 말

신세 다른 사람에게 받은 도움

갈고 농기계로 땅을 파서 뒤집고 웹 갈다

자식 부모가 낳은 아이

살뜰히 일을 열심히, 규모 있게 하여 빈틈없게

주셔서 제가 감사하죠. 할머니 뵐 때마다 돌아가신 어머니 생각이 나서 저도 좋습니다."

이웃사촌이라는 말이 딱 맞았다. 서로에게 고마움을 표현하는 어른들의 모습을 보며, 나도 할머니께 자주 전화 드리고 나의 이웃에게도 관심을 가져야겠다고 생각했다.

★★★
내용 파악하기 **1** 김씨 아저씨가 이웃을 위해 한 일이 **아닌** 것을 고르시오.

① 경운기로 무거운 짐을 날라 주었다.

② 밭에 거름을 주고 잡초도 뽑아 주었다.

③ 명절에 음식을 만들어 이웃에게 나눠 주었다.

④ 허리가 아픈 이웃을 위해 고추를 널어 주었다.

★★
추론 하기 **2** 다음 중 외할머니가 김씨 아저씨에 대해 가진 마음이라고 보기 **어려운** 것은 무엇인가?

① 어려울 때 챙겨 주니 고마운 마음

② 자꾸 관심을 보이니 귀찮은 마음

③ 믿고 기댈 수 있어서 든든한 마음

④ 매번 일을 도와주어 미안한 마음

★★★
가리키는 말 알기 **3** 글의 밑줄 친 ㉠~㉣ 중 가리키는 대상이 **다른** 것을 고르시오.

① ㉠   ② ㉡

③ ㉢   ④ ㉣

4 이 글의 주제를 가장 바르게 설명한 것을 고르시오.

① 농사일은 힘이 많이 들기 때문에 동네 사람끼리 도와야 한다.

② 시골에 계신 어른들은 병원에 자주 가시니 조심해야 한다.

③ 나와 내 가족을 도와준 이웃에게는 반드시 보답해야 한다.

④ 이웃들에게 관심을 가지면서 돕고 살아야 한다.

 5 다음 중 글의 제목으로 가장 알맞은 것은 무엇인가?

① 매우 힘든 농사일

② 재미있는 시골 생활

③ 가족보다 가까운 이웃

④ 도시로 향하는 젊은 사람들

 6 이 글의 화자(이야기하는 사람)는 누구인가?

① 외할머니   ② 엄마

③ 손자/손녀   ④ 김씨 아저씨

 7 아래 주어진 낱말 뜻을 읽고 어떤 낱말의 뜻인지 글에서 찾아 쓰시오.

- 자식이나 가족은 아니지만 어려움을 겪는 이웃을 못 본 척하지 않고 살 뜰히 챙겨 주는 사람
- 남이지만 다정하게 서로 관심을 가지고 도와주면서 지내면 친척인 사 촌처럼 가까워질 수 있음을 나타내는 말

✪ 나만의 이야기 만들기 ✪

아래의 상황에서 나라면 어떻게 할 것 같나요?
〈보기〉 상자에서 내가 할 것 같은 선택지를 고르고 그 이유를 적어 봅시다.

1. 친한 친구에게 서운했는데, 친구는 눈치채지 못했을 때

〈보기〉

(가) 친구에게 말해봤자 사이만 더 나빠질 것 같아. 그냥 말 안 하고 혼자서 서운함을 털어 버릴 거야.

(나) 난 답답한 건 못 참아! 기회를 봐서 친구에게 다 말할래. 내가 서운했다는 건 친구도 알아야지. 친구 얘기도 들어 봐야 할 거고.

(다) 얼굴 보고 직접 말할 자신은 없고, 혹시 나나 친구가 상처 받을까 봐 걱정되니까 중간에서 이야기를 잘 전해 줄 친구에게 부탁할래.

★나의 선택과 그 이유: ....

....

2. 친구와 비교해서 내가 너무 못나고 가진 게 없다고 느껴질 때

〈보기〉

(가) '저 친구가 나보다 더 잘하는 건 뭐지?', '저 친구가 할 줄 아는 것을 나는 왜 못하지?', '왜 다른 사람들은 쟤만 칭찬하지?'라고 계속 비교한다.

(나) '저 친구는 나보다 이걸 못하고, 이런 건 갖고 있지 않아'라고 친구에게 부족한 점을 찾고 자신을 위로한다.

(다) '나는 좋은 사람이야. 나는 이러이러한 점이 멋져', '나는 이런 점으로 다른 사람을 도울 수 있어'라고 스스로 격려하면서 당당해진다.

★나의 선택과 그 이유: ....

....

◆ 예시 답안은 152쪽에 있습니다.

3과 멋있는 인물

작고 사소한 일이라도 나의 일에 최선을 다하고 남을 위해 애쓰는 사람은 훌륭한 사람입니다. 꼭 대단한 위인이 아니더라도 이렇게 우리 주위에 있는 멋지고 훌륭한 사람들을 찾아보고, 좋은 점을 본받는 게 어떨까요?

목표 다음 독해 기술을 이용해 봅시다.

○ 낱말 이해하기

✓ **가리키는 말 알기**

✓ **글감 파악하기**

✓ **주제 이해하기**

✓ **내용 파악하기**

✓ **원인과 결과 알기**

✓ **적용하기**

✓ **요약하기**

✓ **추론하기**

아저씨, 감사합니다~

교과서 연계
- [3학년 1학기] 국어 8단원 '의견이 있어요'
- [3학년 2학기] 국어 1단원 '작품을 보고 느낌을 나누어요'
- [3학년 2학기] 국어 9단원 '작품 속 인물이 되어'

다음은 많은 사람이 존경하는 인물에 대한 설명입니다. 누구일지 짐작해서 빈칸에 이름을 써 봅시다.

1

① 조선 시대 세종대왕 때의 사람입니다.

② 과학, 천문학 분야에서 백성들을 위한 발명을 했습니다.

③ 해시계와 물시계를 만들었습니다.

④ 원래는 벼슬을 받을 수 없는 낮은 계급 출신이었습니다.

• 위에서 설명하는 사람의 이름은 (   )입니다.

2

① 어린이날을 만들었습니다.

② '어린이'라는 단어를 써야 한다고 주장했습니다.

③ 최초의 어린이 잡지를 만들었습니다.

④ 재미있는 동화를 쓰는 동화작가였습니다.

• 위에서 설명하는 사람의 이름은 (   )입니다.

3

① 가야국에서 태어났습니다.

② 훌륭한 가야금 연주자였습니다.

③ 가야금으로 연주하는 12곡을 만들었습니다.

④ 가야가 망하자 나중에는 신라로 넘어가 신라 음악을 발전시켰습니다.

• 위에서 설명하는 사람의 이름은 (   )입니다.

독해 실력이 쌓여간다니!

영차~!

01

● 캐서린 스위처라는 여성 마라토너에 관해 알고 있나요?

지금은 올림픽에서 멋진 여성 마라톤 선수들을 쉽게 볼 수 있지만, 예전에는 여자들이 마라톤 대회에 나가는 것이 금지되어 있었습니다. 여자들은 신체적인 특성상 마라톤을 뛸 수 없다고 생각했기 때문입니다.

캐서린 스위처가 마라톤 대회에 몰래 나가기로 마음을 먹었을 때에도 역시 여성이 마라톤 대회에 출전하는 일은 상상하기 힘든 일이었습니다. 대학의 마라톤팀에 가입하여 열심히 훈련하던 캐서린 스위처는 마라톤 대회에 참가하고 싶다고 말했지만, 코치는 "여자는 못해."라며 반대했습니다.

하지만 그녀의 끈질긴 부탁에 코치는 연습에서 42.195km의 풀코스를 뛴다면 마라톤 대회에 데려가 주겠다고 말했습니다. 모두의 예상을 깨고 캐서린 스위처는 풀코스를 완주함으로써 '여자도 뛸 수 있다'는 것을 자신의 온몸으로 증명해 냈습니다.

1967년, 드디어 마라톤 대회 출발선에 캐서린 스위처가 섰을 때 주변 사람들은 당황하여 웅성거리기 시작했습니다. 경기가 시작되고 얼마 지나지 않아 마라톤 감독관은 그녀의 옷을 붙잡으며 "번호표 이리 내고 당장 빠지세요!"라고 소리를 질렀습니다. 하지만 곁에 있던 그녀의 코치와 남자친구가 감독관을 가로막으면서 "어서 달려, 캐서린!"이라고 외쳤고, 그녀는 결국 4시간 20분의 기록으로 완주했습니다.

경기 도중에 벌어진 캐서린 스위처와 감독관의 몸싸움 장면을 찍은 사진은 나중에 "세상을 바꾼 100장의 사진" 중 하나로 선정되었습니다. 이 사진이 세상에 공개되면서 4년 뒤인 1971년 뉴욕 마라톤에서 처음으로 여성의 참가가 허용되었고, 마침내 1984년 LA 올림픽에서 여자 마라톤이 정식 종목이 되었습니다.

단어 뜻 보기

금지 어떤 일이나 행동을 하지 못하게 막음

특성 대상이 가진 독특하고 고유한 성질

출전 대회나 경기에 나감

풀코스 42.195km인 마라톤 전체의 거리

완주 목표한 곳까지 끝까지 달리기

선정 골라서 정하기

1과 2과 3과 4과 5과

 1 다음 중 글의 내용과 <u>다른</u> 것은 무엇인가?

① 캐서린 스위처는 마라톤에 출전하려고 열심히 훈련했다.

② 남자친구는 캐서린 스위처가 마라톤 뛰는 것을 지지했다.

③ 감독관이 막아서 캐서린 스위처는 마라톤 대회에서 완주하지 못했다.

④ 캐서린 스위처의 도전을 시작으로 뉴욕 마라톤부터 여성 참가가 허용되었다.

 2 글에 나타난 캐서린 스위처의 성격으로 알맞은 것을 고르시오.

① 겁이 많고 금방 싫증 냄

② 화를 잘 내고 게으름

③ 자기 생각 없이 남의 말을 잘 따름

④ 목표가 분명하고 끈기가 있음

 3 다음 중 글의 주제로 가장 알맞은 것은 무엇인가?

① 운동 경기는 능력에 따라 다르게 참가해야 한다.

② 여자라서 안 된다는 편견은 사라져야 한다.

③ 경기 중에 남을 방해하는 것은 잘못된 행동이다.

④ 세상을 바꾼 사진에 선정된 것은 자랑스러운 일이다.

4 글의 주제를 적용해 자기 의견을 말한 친구는 누구인가?

① 정연: 남자와 여자는 타고난 능력에 차이가 있으므로 각자 잘하는 분야를 찾아야 해.

② 준호: 삶의 꿈과 목표가 성별에 따라 결정되어서는 안 되고, 그것을 강요해서도 안 돼.

③ 유리: 남녀는 기본적으로 능력 차이가 없으므로 일도 반드시 똑같이 해야 해.

④ 주영: 자기 권리를 지키려면 무조건 상대의 의견에 반대해야 해.

02

● 화석을 직접 본 적이 있나요?

매리 애닝은 1799년 영국의 한 바닷가 마을에서 태어났다. 집이 가난했던 매리는 오빠와 함께 매일 바닷가에 나가서 신기한 돌을 찾고 그 돌을 팔아 집을 도왔다. 그러던 어느 날, 매리와 오빠는 바닷가 절벽에서 커다란 악어처럼 보이는 화석을 발견했다.

다음날 이웃 아저씨에게 부탁해 만든 사다리를 타고 올라가 오랜 시간 애쓴 끝에 절벽에 박힌 악어 모양의 화석을 꺼냈다. 집에 돌아온 매리는 밤새도록 그것을 관찰하다 잠이 들었다. 마을 사람들은 신기한 동물 화석을 보기 위해 매리의 집 앞에 줄을 섰고, 매리는 돈을 받고 사람들에게 화석을 보여 주었다.

신기한 동물 화석에 대한 소문은 먼 곳까지 퍼져 어느 날 신사 한 분이 매리를 찾아왔다. 신사는 화석을 자세히 보더니 말했다.

"음. 이건 악어가 아니구나."

"악어가 아니라고요? 그럼 뭐예요?"

"확실하지는 않지만 이크티오사우르스 화석 같구나. 네가 정말 큰 발견을 했어!"

"네? 그건 어떤 동물인가요?"

"이크티오사우루스는 물고기와 비슷하게 생긴 어룡의 한 종류란다. 약 1억 년 전에 바다에 살았을 것으로 추측되고 있지. 과학 연구에 큰 도움이 될 거야."

신사는 매리에게 화석을 팔 것을 부탁했고, 그 화석은 런던의 박물관으로 가게 되었다.

매리는 그 이후에도 화석 찾기에 몰두하여 플레시오사우루스, 프테로닥틸루스 등 중요한 화석을 발견했다. 비록 전문적인 공부를 하지는 못했지만, 평생 화석을 찾아다니고 연구한 매리 애닝은 세계 과학사에 큰 공로를 세운 사람이 되었다.

단어 뜻 보기

신사 예의가 바르며 교양이 있는 남자

몰두 어떤 일에 관심을 가지고 집중함

공로 어떤 목적을 이루는 데 들인 수고(※'공로를 세우다'처럼 씀)

★ 내용 파악하기 1 매리 애닝이 연구한 것은 무엇인지 글에서 찾아 쓰시오.

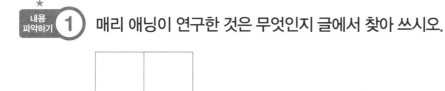

★★ 내용 파악하기 2 다음 중 매리 애닝에 관한 설명과 일치하지 <u>않는</u> 것을 고르시오.

① 어린 시절 집이 매우 가난했다.

② 취미로 바닷가에서 화석을 찾았다.

③ 절벽에서 악어 모양의 화석을 발견했다.

④ 여러 중요한 화석을 많이 찾아냈다.

★★ 가리키는 말 알기 3 글의 밑줄 친 <u>그것</u>이 무엇을 가리키는지 쓰시오.

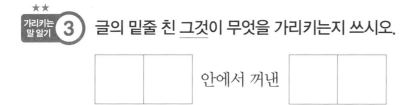 안에서 꺼낸

★★ 추론 하기 4 글에 나타난 매리 애닝의 성격으로 알맞지 <u>않은</u> 것은 무엇인가?

① 새로운 것에 대해 호기심이 많았다.

② 한번 하려고 한 것은 포기하지 않았다.

③ 공부하는 것을 좋아하지 않았다.

④ 일에 몰두하고 꾸준함이 있었다.

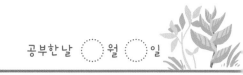

03

● 어린이날을 만든 사람은 누구일까요?

　해마다 어린이날이 되면 대형마트의 진열장에는 장난감들이 쌓이고, 놀이동산은 가족과 함께 나들이 나온 어린이로 가득 찹니다. 그래서인지 어린이날을 단순히 부모님이나 어른들에게서 선물을 받고 놀러 가는 날로만 알고 있는 어린이가 많아요.

　어린이날은 어린이를 아끼고 존중하며 씩씩하게 자라날 수 있는 환경을 마련하고자 만든 기념일이에요. 그럼 이날은 누가, 언제 만들었을까요?

　어린이날은 1923년에 방정환 선생님이 처음 만드셨어요. 원래는 5월 1일이었지만 나중에 5월 5일로 바뀌면서 지금까지 그대로 이어지고 있어요.

　지금으로부터 약 100여 년 전만 해도 어른들은 어린이를 "이 애 놈들아!" 하고 낮추어 부르곤 했어요. 어른들로부터 존중받지 못했을 뿐 아니라 형편이 어려워 학교에 다니지도 못하고 농사일이나 온갖 노동에 시달리는 아이들도 많았죠.

　방정환 선생님은 '젊은 사람을 젊은이라고 하듯이 나이가 어린 사람도 어린이라고 불러야 한다'고 주장하며 '어린이'라는 단어를 널리 알리는 데 힘썼어요. 아이를 부르는 말에서부터 존중하는 마음을 담아야 한다고 생각했기 때문이에요.

　방정환 선생님은 어린이들이 마음껏 배우고 즐겁게 놀 수 있는 가정과 사회를 만들어야 한다고 주장하기도 했어요. 이뿐만 아니라 한국 최초의 아동잡지인 〈어린이〉를 만들었고, 동화작가로서 어린이들이 재미있게 읽을 수 있는 동화를 여러 편 썼어요.

　이번 어린이날에는 33세의 젊은 나이로 세상을 떠날 때까지 어린이들의 밝은 미래를 위해 노력하신 방정환 선생님을 떠올려 보면 어떨까요?

단어 뜻 보기

마련 준비해서 갖춤

낮추어 남을 나보다 아래인 존재라고 생각하여 ⑩ 낮추다

형편 개인이나 가정, 단체의 경제적 상태

존중 높이고 중요하게 여김

글감 파악하기 **①** 다음 중 이 글의 글감은 무엇인가?

① 어린이 　　　　　　　　　② 방정환 선생님

③ 5월 5일 　　　　　　　　　④ 아동잡지

내용 파악하기 **②** 글을 읽고 바른 내용에는 ○, 바르지 <u>않은</u> 내용에는 ×를 표시하시오.

(1) 옛날에 어른들은 어린이들을 낮추어 보곤 했다. 　　　　　　　　（　　）

(2) 방정환 선생님은 어린이날을 1923년 5월 5일로 정했다. 　　　　（　　）

(3) 한국 최초의 아동잡지는 〈어린이〉이다. 　　　　　　　　　　（　　）

(4) 어린이가 잘 자랄 수 있는 환경을 마련하려고 어린이날을 만들었다. （　　）

내용 파악하기 **③** 방정환 선생님이 어린이를 어떤 마음으로 대했을지 글에서 찾아 쓰시오.

　하는 마음

요약 하기 **④** 빈칸에 들어갈 알맞은 말을 〈보기〉에서 골라 글의 내용을 간단히 정리하시오.

〈보기〉

아동잡지　　　　　어린이날　　　　　환경　　　　　어린이

어린이가 잘 자랄 수 있는 (　　　　　)을 마련하고자 만들어진 기념일인 (　　　　　)은 1923년 방정환 선생님이 처음 만들었다. 방정환 선생님은 어린 사람을 함부로 부르지 말고 (　　　　　)라고 불러야 하고, 그들이 즐겁게 놀 수 있는 가정과 사회를 만들어야 한다고 주장했다. 또한 방정환 선생님은 한국 최초의 (　　　　　)를 만들기도 했다.

04

● 조선 시대 최고의 발명가였던 장영실에 관해 알고 있나요?

세종대왕은 세계에서 가장 과학적인 글자로 평가받는 한글을 만드신 분입니다. 그런데, 세종대왕이 음악이나 과학 분야에도 큰 관심을 두고 연구하셨다는 것을 알고 있나요? 장영실은 이런 세종대왕을 도와 과학 분야에서 중요한 역할을 했습니다.

장영실이 살았던 조선 시대에는 신분제도가 매우 엄격했습니다. 하지만 세종대왕은 나라를 발전시키기 위해 신분과 관계없이 능력에 따라 인재를 쓰고자 했습니다. (㉠) 천민이었지만 재능이 뛰어났던 장영실에게 벼슬을 주고 명나라로 유학까지 보내 조선의 과학 발전에 크게 기여하게 했습니다.

농경사회였던 조선 시대에는 농사를 잘 짓기 위해 날씨나 계절의 변화를 제대로 이해하는 것이 중요했습니다. 세종대왕은 시간의 흐름과 계절의 변화 등을 알기 위해서는 천문학을 이해해야 한다고 생각했습니다. 그래서 세종대왕은 장영실을 포함해 수학과 과학기술에 뛰어난 사람들을 모았고, 장영실은 여러 학자와 함께 물시계인 자격루, 해시계인 앙부일구와 같은 천문 관측기구를 만들었습니다. 이러한 기구들은 백성들이 농사를 짓는 데 큰 도움을 주었습니다.

이처럼 장영실은 조선 시대의 과학 발달에 크게 기여했습니다. 이렇게 큰 업적을 남긴 장영실에 관해 더 알아보면 어떨까요?

단어 뜻 보기

분야 여러 개의 범위 또는 영역

인재 능력과 재주가 탁월한 사람

천민 천한 일을 했던 가장 낮은 계급의 백성

기여 다른 사람에게 도움이 되도록 이바지함

농경 농작물을 가꾸고 농사를 짓는 일

천문학 태양, 달, 행성의 움직임 및 우주의 구조에 관해 연구하는 학문

관측 망원경 같은 도구로 날씨나 천문 등의 현상을 관찰하는 것

앙부일구(태양의 이동에 따라 그림자가 움직여 시간을 측정)

내용 파악하기 1 ★ 장영실이 만든 대표적인 천문 관측기구 두 가지를 찾아 쓰시오.

_____

내용 파악하기 2 ★★★ 글의 빈칸 ㉠에 들어갈 가장 알맞은 말을 고르시오.

① 혹은   ② 아마

③ 그래서   ④ 그렇지만

원인과 결과 알기 3 ★ 세종대왕이 천문학을 발전시키려고 한 이유로 언급된 것을 찾아 쓰시오.

백성들이 [   ][   ] 를 잘 지을 수 있게 돕기 위해서

내용 파악하기 4 ★★★ 장영실에 관한 설명 중 바른 것에는 ○, 바르지 않은 것에는 ×를 표시하시오.

(1) 세종대왕 때 활동했고, 외국 유학도 다녀왔다.   (   )

(2) 혼자 연구해서 해시계인 앙부일구를 만들어 냈다.   (   )

(3) 원래는 벼슬을 얻지 못할 신분 출신이었다.   (   )

(4) 과학 쪽에 재능이 좋아 뛰어난 기구들을 만들었다.   (   )

● 우륵이라는 인물에 관해 들어 본 적 있나요?

충주에 가면 탄금대라는 곳이 있습니다. 근처에 남한강이 흐르고 나무가 울창한 멋진 곳입니다. 이곳은 신라 시대의 유명한 가야금 연주자 우륵이 가야금을 타던 곳으로, 그는 ㉠여기서 노래를 만들고 가야금을 연주하며 여러 제자를 가르쳤습니다. 중국의 쟁을 본떠서 가야국의 가실왕이 만든 가야금은 거문고와 더불어 우리나라의 대표적인 전통 현악기입니다.

우륵의 제자 중 가장 유명한 사람은 계고, 법지, 만덕입니다. 그들은 무척 총명하였고 가야금 연주와 노래, 춤도 열심히 연습하여 우륵에게 칭찬을 받았습니다. 제자들은 우륵이 만든 '12곡'을 무척 사랑했으나 세월이 흐르면서 스승의 곡에서 시대적인 흐름과 맞지 않는 부분이 조금씩 생겨났습니다. 제자들은 스승이 만든 곡을 조금 고치고 싶어서 반복해서 나오는 지루한 가락은 삭제하고 새롭게 가락을 보충하여 12곡을 5곡으로 다시 만들었습니다.

㉡제자들은 만족했으나 막상 우륵에게 자기들이 만든 곡을 들려 주려고 하니 걱정이 앞섰습니다.

"감히 스승님의 곡에 손을 대다니, 우리가 이래도 되는가?"

"스승님이 평생 노력해서 완성하신 것인데 괘씸하다고 생각하지 않으실까?"

이런 고민 끝에 제자들은 조심스럽게 스승에게 자신들이 만든 곡을 들려주었습니다. 곡을 듣는 내내 우륵은 알 수 없는 표정을 지었습니다. 연주가 끝난 후 자신의 눈치를 살피는 제자들에게 우륵은 활짝 웃으며 말했습니다.

"정말 멋지구나! 이렇게 잘 만들다니 너희들이 정말 자랑스럽다! 앞으로 너희들이 만든 곡으로 연주하면 되겠구나."

제자들은 스승님의 말씀에 안심했고, 스승에게 여러 번 감사 인사를 드렸습니다. 스승이라고 해서 자기 뜻대로 따르라고 고집을 부리는 것이 아니라, 제자들의 능력을 인정하고 더 좋은 음악을 만

단어 뜻 보기

타던 악기의 줄을 퉁겨 소리를 내서 연주하던 ⑧ 타다

제자 스승에게서 가르침을 받았거나 받는 사람

현악기 줄을 켜서 소리를 내는 악기

가락 음의 길이와 소리의 높낮이 등이 잘 연결된 음의 흐름

보충 부족한 부분을 채움

괘씸하다 예절에 어긋난 일을 당해 분하고 밉다

들기 위해 기꺼이 자신의 것을 내려놓은 우륵의 넓고 겸손한 마음은 많은 사람에게 큰 감명을 주었습니다.

 1 글의 밑줄 친 ㉠여기서가 가리키는 것은 무엇인가?

① 중국

② 쟁

③ 남한강

④ 탄금대

 2 우리나라의 대표적인 전통 현악기 두 가지를 글에서 찾아 쓰시오.

_____

 3 우륵에 관한 설명 중 바른 것에는 ○, 바르지 않은 것에는 ×를 표시하시오.

(1) 중국 악기인 쟁을 보고 가야금을 만들었다.　　　　　（　　）

(2) 탄금대에서 가야금을 연주하였다.　　　　　　　　（　　）

(3) 자신이 만든 12곡을 5곡으로 고쳤다.　　　　　　　（　　）

(4) 계고, 법지, 만덕이라는 제자를 가르쳤다.　　　　　（　　）

내용 파악하기 ★★ **4** 글의 밑줄 친 ⓛ에서 제자들이 걱정한 이유는 무엇인가?

① 아직 능력이 부족해서 곡을 제대로 못 바꿔서

② 새로운 가락을 보충하면서 곡 수가 더 많아져서

③ 사람들이 바꾸기 전의 12곡을 더 좋아할 것 같아서

④ 스승의 곡을 바꾼 것에 대해 스승이 괘씸하게 여길까 봐

원인과 결과 알기 ★ **5** 우륵의 제자들이 스승의 곡을 고친 이유를 쓰시오.

시대의 ☐☐ 에 맞게 음악을 바꾸고 싶어서

적용 하기 ★★ **6** 우륵과 제자들의 일화를 통해 배울 점은 무엇인가?

① 좋은 의견을 받아들이는 겸손함을 갖춰야 한다.

② 가야금과 같은 악기는 어릴 때 시작하면 배우기 쉽다.

③ 다른 나라의 것을 참고하여 새로운 것을 만들어야 한다.

④ 내 생각이 가장 중요하므로 다른 사람의 의견은 들을 필요가 없다.

☆ 나만의 이야기 만들기 ☆

이번 과에서 읽은 인물 중 가장 마음이 끌리는 것은 누구이며, 왜 끌리나요?
내가 그 인물이라면 나는 어떻게 느끼고,
어떤 식으로 행동할 것 같은지 생각하고 아래에 간단히 정리해 봅시다.

★ 아래 인물과 가장 관련이 깊은 그림을 선으로 연결해 보시오.

캐서린 스위처   매리 애닝   방정환   장영실   우륵

∙   ∙   ∙   ∙   ∙

∙   ∙   ∙   ∙   ∙

★ 아래 질문에 답을 적어 보시오.

1. 캐서린 스위처, 매리 애닝, 방정환, 장영실, 우륵 중 누가 가장 마음에 드나요?

....

2. 그 사람이 왜 마음에 드나요?

....

3. 내가 그 사람의 상황에 부닥쳤다면 나는 어떻게 행동했을 것 같나요?

....

....

◆ 예시 답안은 155쪽에 있습니다.

4과 생활과 문화

한 사회의 구성원들은 살아오면서 다른 사회와는 구별되는 고유한 문화를 만듭니다. 그렇게 만들어져 내려온 우리의 전통으로는 무엇이 있을까요? 또한 우리가 새로 만들고 지켜야 할 문화와 규칙에는 어떤 것들이 있을지도 생각해 봅시다.

목표 다음 독해 기술을 이용해 봅시다.

- ☑ **낱말 이해하기**
- ☑ **가리키는 말 알기**
- ☑ **글감 파악하기**
- ☑ **주제 이해하기**
- ☑ **내용 파악하기**
- ☑ **원인과 결과 알기**
- ○ 적용하기
- ○ 요약하기
- ○ 추론하기

교과서 연계
- [3학년 1학기] 사회 2단원 '우리가 알아보는 고장 이야기'
- [3학년 1학기] 국어 8단원 '의견이 있어요'
- [3학년] 도덕 1단원 '나와 너 우리 함께'
- [3학년] 우리가 만드는 도덕 수업 2단원 '우리 모두를 위한 길'
- [3학년 1학기] 사회 3단원 '교통과 통신수단의 변화'

친구들의 말을 읽고, 스마트폰을 바르게 사용하고 있는 친구들의 이름을 쓰시오.

부모님과 의논해서 스마트폰 사용 시간을 정해 놓고 쓰니까 좋아. 책을 읽거나 운동을 하거나 다른 일을 할 수 있게 되더라고.

스마트폰을 못 보면 불안해. 잠시라도 스마트폰을 꺼 놓을 수가 없어.

지아

수찬

수업 시간에는 스마트폰을 꺼 놓고 선생님 말씀에 집중해. 스마트폰은 쉬는 시간에만 잠깐 켜.

식사 시간에 부모님과 할 말도 없고, 그냥 스마트폰만 보면서 밥을 먹어.

재진

은애

조금만 더!

• 스마트폰을 바르게 사용하고 있는 친구: _____

01

● 사물놀이 공연을 본 적 있나요?

　사물놀이는 꽹과리, 징, 북, 장구의 사물, 즉 네 가지 악기가 각자 소리의 특색을 나타내면서도 잘 어우러지는 신나는 음악입니다. 연주 중에 다양한 몸동작을 넣으면서 놀이처럼 음악을 즐기기 때문에 사물 뒤에 '놀이'가 붙었습니다. 대표적인 사물놀이로는 '비나리'와 '삼도 설장고 가락', 그리고 '삼도 농악(풍물굿) 가락'이 꼽힙니다.

　사물놀이는 언제부터 시작되었을까요? 우리나라는 예로부터 농사일을 마치고 마을 사람들이 함께 장구와 북을 포함해 여러 악기로 밖에서 풍물놀이를 즐겼습니다. 1978년 한 연주단이 풍물놀이 악기에서 네 가지만을 뽑아 실내에서 공연을 했는데, 그때부터 이러한 공연을 '사물놀이'라고 부르기 시작했습니다.

　이 사물의 특징을 자연에 비유하기도 합니다. 꽹과리는 천둥을, 장구는 비를, 북은 구름을, 징은 바람이라고 하여 사물의 소리를 '자연이 조화를 이루는 것'이라고 합니다. 또한 사물놀이에서는 '둥글게 감는' 호흡과 움직임이 매우 중요한데, 둥글게 감는다는 것은 함께 서로 어울려 살아간다는 것을 의미합니다. 이처럼 음악에서도 어울림을 생각한 우리의 사물놀이는 널리 알려져 전 세계인의 마음을 사로잡고 있습니다.

단어 뜻 보기

농악 농촌에서 명절이나 추수 등 큰일이 끝난 뒤 즐기기 위해 연주하는 음악

어우러지는 여럿이 조화를 이루는 ⑩ 어우러지다

꼽힙니다 선택되어 지목당합니다 ⑩ 꼽히다

풍물놀이 농촌에서 농부들이 하던 한국 고유의 음악

비유 어떤 사물을 그와 비슷한 다른 사물에 빗대어 나타내는 것

조화 모난 것 없이 서로 잘 어울림

북　　　　　징

장구　　　　꽹과리

1 글에서 주로 다루는 내용이 무엇인지 쓰시오.

2 '사물'이 무엇인지 글에서 찾아 쓰시오.

_____

3 악기와 악기 소리가 비유하는 것을 알맞게 선으로 연결하시오.

(1) 꽹과리 ·   · (ㄱ) 바람

(2) 징 ·   · (ㄴ) 구름

(3) 장구 ·   · (ㄷ) 천둥

(4) 북 ·   · (ㄹ) 비

4 다음 중 사물놀이에 대한 설명으로 알맞지 <u>않은</u> 것은 무엇인가?

① 사물놀이와 풍물놀이는 실내에서 네 가지 악기로 연주하는 음악이다.

② 농사일을 마치고 마을 사람들이 함께 풍물놀이를 즐겼던 것에서 비롯된다.

③ 서로 어울려 살아간다는 의미를 담은 둥글게 감는 호흡과 움직임이 중요하다.

④ 사물놀이의 대표적인 곡은 '비나리', '삼도 설장고 가락', '삼도 농악 가락'이다.

02

● 더운 여름철을 건강하게 보내려면 어떻게 해야 할까요?

시원한 계곡에서 신나는 물놀이도 하고 맛있는 수박을 먹으며 놀 수 있는 여름. 여러분은 여름을 좋아하나요? 무더운 여름을 건강하게 보내기 위해서는 몇 가지 주의할 점이 있습니다.

먼저, 여름철 자외선을 조심해야 합니다. 여름철 햇빛은 매우 강렬합니다. 따가운 햇빛을 오랫동안 쪼이면 피부에 화상을 입을 수 있습니다. 따라서 평소에 항상 자외선 차단제를 바르는 것이 좋습니다. 그리고 오랫동안 햇빛에 노출되지 않도록 햇빛을 피해 실내나 그늘로 이동해서 쉬어야 합니다.

다음으로 냉방병에 주의해야 합니다. 에어컨 등을 오래 켜서 실내 온도가 내려가면 실내와 바깥 온도 차이가 벌어집니다. ㉠이럴 때 우리 몸이 잘 적응하지 못해서 감기, 두통 증세가 나타나거나 위에 탈이 나는데, 이러한 증상을 냉방병이라고 합니다. ㉡이것을 막기 위해서는 따뜻한 차나 물을 자주 마시는 게 좋습니다. 실내 온도를 25도 이하로 내려가지 않게 하고 환기도 잘해야 합니다.

마지막으로 식중독에 걸리지 않게 조심해야 합니다. 여름처럼 온도와 습도가 높을 때는 음식이 잘 상하기 때문에 상한 음식을 먹고 식중독에 걸리기 쉽습니다. 식중독에 걸리면 배가 아프고, 설사를 자주 하게 되며, 심하면 탈수 증상도 옵니다. 식중독을 예방하려면 물이나 음식은 되도록 끓여 먹고, 냉장고에도 음식을 너무 오래 보관하지 않는 게 좋습니다.

단어 뜻 보기

화상 열에 의해 피부 세포가 파괴되는 것

환기 실내 공기를 밖으로 내보내고 밖의 공기를 들이는 것

탈수 몸 안의 수분이 빠지는 것

야~ 여름이다!

102

주제 이해하기 ★★ **1** 주로 무엇에 관해 이야기하는 글인가?

① 여름철에 주로 하는 놀이

② 여름철에 흔히 걸리는 병

③ 여름철 식중독 예방법

④ 여름철을 건강하게 보내는 방법

가리키는 말 알기 ★★ **2** 밑줄 친 ㉠과 ㉡이 무엇을 가리키는지 글에서 찾아 쓰시오.

㉠이럴 때: _____

_____

㉡이것: _____

내용 파악하기 ★★ **3** 냉방병을 예방하는 방법으로 알맞지 <u>않은</u> 것을 고르시오.

① 창문을 되도록 자주 연다.

② 실내 온도를 25도 정도로 유지한다.

③ 밖에 나가서 햇볕을 오래 쬔다.

④ 따뜻한 차나 물을 자주 마신다.

내용 파악하기 ★ **4** 여름철에 주의해야 할 점과 관련 있는 증상을 알맞게 연결하시오.

(1) 식중독　　　　　•　　　　　• (ㄱ) 피부 화상

(2) 여름철 자외선　•　　　　　• (ㄴ) 두통, 감기

(3) 냉방병　　　　　•　　　　　• (ㄷ) 심한 설사

03

● 우리나라의 유명한 지역 축제로 어떤 것들이 있는지 알고 있나요?

　우리나라에는 지역 주민과 지방 자치 단체가 함께 만드는 지역 축제가 많이 열립니다. 그중에서도 전라남도 함평 나비 축제는 다양한 볼거리와 추억을 만들 수 있는 우리나라의 대표적인 지역 축제로 자리 잡았습니다. 함평 나비 축제는 어떻게 우리나라의 대표적인 지역 축제가 되었을까요?

　원래 전라남도 함평은 산업이 발달하지 않고 관광자원도 부족하며 천연자원도 없는 지역이었다고 합니다. 젊은 사람들은 일자리를 찾아 도시로 떠나고, 남은 사람들은 대부분 농사를 짓는 농민들이었습니다. 워낙 잘 알려지지 않은 지역이었기 때문에 농민들이 재배한 친환경 농산물은 제대로 판매되지 않았습니다. 따라서 함평 지방 자치 단체와 주민들은 함평을 알려야겠다고 생각했습니다. 그러기 위해 생각해 낸 것이 지역 축제를 여는 것이었습니다.

　처음에는 유채꽃 축제를 열려고 했습니다. 하지만 유채꽃 축제는 이미 제주도와 다른 도시에서 열리고 있었기 때문에 차별성이 없다고 생각해 결국은 나비 축제를 계획했다고 합니다. 지역 주민들은 지방 자치 단체 공무원들과 마음을 모아 축제 장소에 꽃을 놓고 지역 농산물 판매에도 함께 참여하여 축제를 만들어냈습니다. 나비 축제는 해마다 새로운 아이디어가 더해지면서 매년 더 많은 관광객이 찾는 큰 축제가 되었습니다. 또한 이 축제 덕에 함평 지역의 농산물이 유명해지면서 농산물 판매 수익도 증가했습니다.

　함평의 성공에 자극받은 여러 지방 자치 단체에서는 함평 나비 축제를 본보기 삼아 독특한 지역 축제를 만들고자 노력하고 있습니다. 지방 자치 단체와 지역 주민이 힘을 모아 지역의 특색을 살린 지역 축제들이 늘어나 우리나라의 아름다운 지역이 많이 홍보되고 지역 경제에도 도움이 되면 좋겠습니다.

단어 뜻 보기

자치 지역의 공공단체가 정부로부터 행정 업무를 어느 정도 넘겨받아 수행하는 것

천연자원 인간의 생활이나 경제활동에 이용되는 자연 그대로의 재료

차별성 구별되는 차이를 만드는 성질

홍보 사업이나 제품 등을 널리 알리는 것

1 주로 무엇에 관해 이야기하는 글인지 쓰시오.

함평 ☐☐ ☐☐

 2 지역 축제를 열기 전 함평의 모습을 잘못 설명한 것을 고르시오.

① 젊은 사람들은 큰 도시로 일자리를 찾아 떠났다.

② 유채꽃 축제가 유명해서 사람들이 많이 찾아오고 있었다.

③ 주로 농사를 지었지만 농산물이 제대로 판매되지 않았다.

④ 천연자원이 없어서 산업이 그다지 발달하지 않았다.

 3 함평에서 연 지역 축제가 성공하면서 벌어진 일은 무엇인지 빈칸을 채우시오.

함평에 매년 더 많은 ☐☐☐ 이 찾아오고 있으며,

☐☐☐ 판매 수익도 증가하게 되었다.

4 함평 나비 축제의 예를 통해 글쓴이가 전하고자 하는 내용은 무엇인가?

① 천연자원이 없는 지역은 무조건 지역 축제를 열어야 한다.

② 지방 자치 단체는 지역 주민들의 의견을 더 많이 들어야 한다.

③ 다른 지역에서도 나비 축제를 열어 관광객을 오게 해야 한다.

④ 지역의 특색을 살린 축제가 많이 생기면 지역 경제에도 도움이 된다.

04

● 친구들이 줄여 쓰는 말에는 어떤 것들이 있나요?

"아빠, 버카충 해야 하니까 용돈 좀 주세요!"

"버카충? 새로 나온 게임인가?"

"아뇨, '버스카드 충전'을 줄인 말이에요."

"그게 그 말이었어? 줄이니까 알아들을 수가 없구나."

아빠와 나는 줄임말에 관해 이야기를 나누었습니다. 줄임말은 '사이'를 '새'로 줄인 것처럼 단어 일부분이 줄어든 말 또는 '지방 자치 단체'를 '지자체'로 줄인 것처럼 여러 단어를 한 단어로 줄여 만든 말로, 보통은 사회 구성원이 합의한 말에 대해 사용하지만 사실 줄임말은 표준어가 아닌 비표준어입니다. 그리고 요즘 쓰는 줄임말은 인터넷이나 게임 등에서 사용하는 말이 많아서 특히 나이든 분들은 ㉠그 뜻을 이해하기 어려워 세대 간에 소통이 힘들어지고 있다고 합니다.

"줄임말을 왜 쓰니?"

"일단 편해요. 친구들이 모두 쓰니까 저도 쓰게 되고요. 모두 쓰는데 저만 안 쓰면 대화에 낄 수가 없잖아요."

"친구들 사이에서 ㉡그런 말을 사용하면 친해지는 느낌도 있고 재미도 있겠지만, 습관이 되면 아무 때나 나도 모르게 말이 튀어나올 수도 있어. 줄임말을 쓰는 것은 나쁘지 않지만, 대화하는 상대나 상황에 맞게 신중하게 쓰도록 하자."

아빠 말씀을 듣고 보니 수업 시간이나 어른들과 함께 있을 때도 줄임말이 툭툭 나왔던 게 기억났습니다.

"네, 아빠. 앞으로는 주의할게요. 아빠, 버스카드 충천하려고 하니 돈 좀 주세요."

"그래. 그리고 아빠한테 재미있는 줄임말을 몇 가지 가르쳐 줄래? 아빠도 회사 사람들이 아는지 물어보고 싶구나."

버카충?

단어 뜻 보기

합의 둘 이상의 사람의 의견이 서로 맞음

표준어 우리나라에서 표준으로 정한 말

비표준어 표준어가 아닌 말

소통 의견, 뜻이 잘 통함

1 무엇에 관해 이야기하는 글인지 쓰시오.

 2 글의 밑줄 친 ㉠과 ㉡이 <u>공통으로</u> 가리키는 것은 무엇인가?

① 줄임말   ② 버스카드 충전

③ 단어   ④ 표준어

 3 다음 중 줄임말에 관한 설명으로 바르지 <u>않은</u> 것을 고르시오.

① 단어 일부분이 줄어든 말

② 여러 단어를 한 단어로 줄여 만든 말

③ 사회 구성원의 합의로 사용하는 비표준어

④ 인터넷이나 게임 등에서 사용하는 표준어

 4 다음 중 줄임말이 일으키는 문제로 <u>언급된</u> 것은 무엇인가?

① 친구 사이가 멀어짐

② 어른을 무시하는 태도

③ 단어의 뜻 변화

④ 세대 간 소통의 어려움

05

● 나는 하루에 스마트폰을 얼마나 쓰나요?

아침에 눈을 뜨자마자 가장 먼저 찾는 게 스마트폰인가요? 스마트폰을 보지 않으면 막 불안해지나요? 그렇다면 스마트폰에 중독된 것일 수 있습니다. 이렇게 스마트폰에 중독된 사람들을 가리켜 '스몸비'라고 합니다. 스몸비는 '스마트폰'과 '좀비'의 합성어로, 스마트폰을 보느라 좀비처럼 축 늘어져 느릿느릿 걸어 다니는 사람들을 일컫는 신조어입니다.

스마트폰은 우리에게 유익한 정보와 다양한 즐거움을 주지만, 자칫 잘못하면 우리의 안전을 위협할 수 있습니다. 특히, 스마트폰을 보는 데 정신이 팔린 채 길을 걷는 스몸비 때문에 세계 각 곳에서 교통사고가 발생해서 큰 문제가 되고 있습니다. 이런 점 때문에 미국 하와이주 호놀룰루시에서는 길을 건널 때 스마트폰을 사용하지 못하도록 법으로 금지하고 있으며, 우리나라 서울시 성북구에서는 스마트폰 정지선을 만들었다고 합니다. 건널목 앞에 '연간 1,000명 이상의 보행자가 보행 중 스마트폰 사용으로 인해 교통사고를 당합니다'라는 글귀를 넣은 스티커도 붙였습니다. 벨기에는 스마트폰 전용도로를 설치하여 보행자들이 안전하게 이용하도록 했고, 싱가포르는 건널목 앞에 발밑 신호등을 설치하기도 했습니다.

그렇다면 걸으면서 스마트폰을 사용하는 것은 왜 위험할까요? 바로 우리가 모바일 기기를 사용할 때 우리 뇌의 인지기능이 평소의 절반 이하로 떨어지기 때문입니다. 스마트폰을 사용하면 주위를 제대로 살피지 못하는 등 우리의 안전을 위한 인지기능이 제대로 작동되지 않아 위험에 빠지게 되는 것입니다. 그러므로 길을 걷거나 건널목을 건널 때는 나와 다른 사람의 안전을 위해 스마트폰을 보지 않도록 해야겠습니다.

단어 뜻 보기

일컫는 가리켜 부르는
뭰 일컫다
신조어 새로 만든 말
자칫 어떤 일이 조금 어긋남을 나타내는 말
보행 걸어 다님
인지 상황이나 사실을 명확하게 인식해서 아는 것

1 '스마트폰을 보느라 느릿느릿 걸어 다니는 사람'을 일컫는 말을 찾아 쓰시오.

 2 길을 걸으며 스마트폰을 사용하는 것은 왜 위험한가?

① 스마트폰을 하며 걸으면 길을 잃을 수 있다.

② 스마트폰 중독에 빠져 공부할 시간이 없다.

③ 인지기능이 떨어져서 주위를 살피지 못하게 된다.

④ 유익한 정보를 얻을 수는 있지만 두뇌활동이 적어진다.

 3 보행 중 스마트폰 사용으로 생기는 문제를 해결하기 위해 여러 나라에서 하고 있는 일이 <u>아닌</u> 것은 무엇인가?

① 건널목 앞에 발밑 신호등 설치

② 스마트폰을 할 수 있는 전용도로 설치

③ 스마트폰 정지선 만들고 스티커 붙이기

④ 길에서 아예 스마트폰을 사용하지 못하게 금지

 4 다음 중 이 글의 주제로 알맞은 것은 무엇인가?

① 스마트폰은 우리 생활을 편리하게 한다.

② 스마트폰을 쓰면 뇌의 기능이 떨어진다.

③ 안전을 위해 보행 중 스마트폰을 쓰지 말아야 한다.

④ 스마트폰 때문에 세계 각 곳에서 교통사고가 자주 발생한다.

06

● '죽마고우'라는 고사성어는 어떤 뜻일까요?

민수는 나의 가장 친한 동네 친구이다. 우리는 거의 매일 만나서 함께 놀고 같이 숙제를 하곤 한다. 오늘도 민수랑 온종일 놀고 같이 집으로 들어오니 삼촌이 말씀하셨다.

"우빈아, 죽마고우랑 같이 왔구나."

"죽마고우? 그게 무슨 말이에요?"

나와 민수는 처음 듣는 단어에 어리둥절해서 물었다.

"아주 친한 친구를 뜻하는 고사성어야. 죽마고우에서 '죽마'는 대나무로 만든 말을 뜻하고 '고우'는 어린 시절부터의 친구라는 뜻이지. 어린 시절 대나무로 만든 말을 다리 사이에 끼우고 놀던 친구를 뜻한단다."

"그렇구나! 그럼, 고사성어는 뭐예요?"

"고사성어란 옛날 역사와 옛이야기 등에서 나온 말로, 어떤 특별한 의미를 나타내는 한자 표현이지."

삼촌은 '죽마고우'처럼 친구 관계를 나타낼 때 흔히 쓰는 다른 고사성어도 알려 주셨다. 바로 '관포지교'와 '단금지교'였다. 관포지교는 옛날 중국의 춘추 시대 제나라에 살았던 관중과 포숙아처럼 아주 돈독한 우정을 맺은 친구를 가리킬 때 쓰는 말이고, '단금지교'는 단단한 쇠를 끊을 정도로 함께 힘을 모으는 친구를 나타내는 말이라고 한다.

"삼촌, 고사성어랑 사자성어랑 같은 말이에요?"

"사자성어란 고사성어 중에서 네 글자로 된 것을 말해. 고사성어에는 네 글자뿐 아니라 마음이 통하는 좋은 친구를 뜻하는 '지음'처럼 두 글자인 것도 있단다."

"알려 주셔서 고마워요, 삼촌. 민수야, 너랑 나는 앞으로도 죽마고우 하면서 지음 하자!"

★★★
글감
파악하기 **1** 이 글의 글감을 쓰시오.

★
내용
파악하기 **2** '죽마고우'와 '관포지교'는 무엇을 나타내는 데 쓰는 말인가?

① 친구 관계

② 가족 관계

③ 임금과 신하 관계

④ 스승과 제자 관계

★
내용
파악하기 **3** 각각의 고사성어와 그 뜻을 알맞게 선으로 연결하시오.

(1) 관포지교 •   • (ㄱ) 어린 시절부터의 친구

(2) 지음 •   • (ㄴ) 쇠를 끊을 정도로 힘을 모은 친구

(3) 단금지교 •   • (ㄷ) 마음이 통하는 좋은 친구

(4) 죽마고우 •   • (ㄹ) 아주 돈독한 친구

★
낱말
이해하기 **4** '고사성어 중에서 네 글자로만 되어 있는 것'을 무엇이라고 하는가?

07

● 동물을 버리는 행위에 관해 어떻게 생각하나요?

주말에 우리 가족은 유기동물 보호소에 봉사활동을 다녀왔습니다. 유기동물 보호소는 주인을 잃거나 주인에게 버려진 동물들을 보호하는 곳으로, 사람들이 반려동물을 많이 키우면서 이곳으로 오는 동물들도 많아졌다고 합니다. 특히 해마다 여름 휴가철이 되면 버려지는 동물들이 많다고 합니다. 지난주는 쓰레기가 쌓여 있는 곳 근처 검정 봉지 안에 있었던 강아지가 들어왔다고 합니다.

"유기동물 보호소는 주인을 잃은 동물 신고가 들어오거나 맡겨지면 우선 동물의 건강을 확인하고 보호합니다. 홈페이지에 7일간 공고하여 원래 주인 또는 새 주인을 찾아주기도 하죠."

소장님의 말씀을 듣고 내가 질문했습니다.

"주인을 찾지 못하는 동물은 어떻게 되나요?"

"일정 기간이 지나도 주인이 오지 않거나 입양되지 않으면 안락사시킵니다. 정말 안타까운 현실이죠. 동물을 기르기로 마음먹었으면 끝까지 책임을 져야 합니다."

우리 가족은 보호소에 온 동물들을 깨끗이 씻겨 주고 우리 청소를 도왔습니다. 보호소 안에는 슬픈 표정을 한 동물들이 많았습니다. 사람을 무서워해서 사람 손을 피하는 동물들도 있었고, 어떤 강아지들은 한 번이라도 더 쓰다듬고 껴안아 달라고 껑충껑충 뛰기도 했습니다.

최근에는 반려동물을 가족처럼 여기는 가정이 많아지고 있습니다. 하지만 동물이 병들거나 사정이 생겨 기르기 어려워지면 버리는 사람도 많습니다. 반려동물을 기르려면 생명을 끝까지 책임지고 보호하는 성숙함과 책임감이 필요합니다. 보호소를 나오면서 나는 주인에게 버려지는 반려동물이 더 없기를, 그리고 보호소의 동물들이 좋은 새 주인을 빨리 만날 수 있기를 간절히 기도했습니다.

단어 뜻 보기

유기 내다 버리기

공고 어떤 내용을 밖에 널리 알리는 일

입양 어떤 사람(※이 글에서는 동물)을 자녀로 삼아 가족으로 들이는 것

안락사 사람이나 동물이 치료나 생명 유지가 불가능하거나 무의미하다고 판단될 때 고통 없이 죽음을 맞이하게 하는 행위

우리 동물을 가두어서 기르는 장소

성숙 사람이 나이가 들어 어른스러워짐

★★★
내용 파악하기 1 아래 표에 해당하는 내용을 글에서 찾아 빈칸을 채우시오.

누가	언제	어디서	무엇을	어떻게
우리 가족은	＿＿＿에	＿＿＿에서	＿＿을 했다	• 동물을 깨끗이 ＿＿＿ 주었다 • ＿＿＿ 청소를 도왔다

★
내용 파악하기 2 글에 따르면 유기동물은 특히 언제 많이 늘어나는가?

① 명절 이후　　　　　　　② 여름 휴가철

③ 추운 겨울　　　　　　　④ 방학 기간

★★★
내용 파악하기 3 유기동물 보호소에서 하는 일의 순서대로 아래 ㉠~㉣을 쓰시오.

㉠ 가장 먼저, 유기된 동물의 건강을 확인한다.

㉡ 입양이 안 되면 안락사시킨다.

㉢ 원래 주인을 기다리거나 새 주인을 찾아 준다.

㉣ 유기동물을 홈페이지에 공고한다.

(　　　　　　→　　　　　　→　　　　　　→　　　　　　)

★★
주제 이해하기 4 글에서 글쓴이가 말하고자 하는 내용은 무엇인가?

① 반려동물과 가족처럼 잘 지내야 한다.

② 유기동물 보호소에서 봉사활동을 해야 한다.

③ 주인을 잃은 동물을 보호해야 한다.

④ 생명을 끝까지 책임지고 보호해야 한다.

● 동물들을 지키기 위한 생태통로에 관해 들어 본 적 있나요?

아빠와 차를 타고 나들이를 하러 가다가 짧은 터널같이 생긴 것을 보았습니다. 위의 표지판에는 '생태통로'라고 적혀 있었습니다.

"아빠, 생태통로가 뭐예요?"

"동물들이 찻길을 건너다가 죽는 것을 막기 위해 지나다닐 수 있게 만든 다리 역할을 하는 것이야."

아빠의 말씀에 따르면 산에 차가 다닐 수 있게 도로를 만들면서 동물이 그 도로를 건너다가 차에 치여 죽는 일, 즉 '로드킬'이 자주 벌어지게 되었다고 합니다. 그래서 ㉠이런 비극을 막기 위해 전 세계적으로 동물을 위한 생태통로가 만들어지고 있다고 합니다.

집으로 돌아와서 생태통로에 대해 검색해 보니, 우리나라에서는 1998년 지리산 시암재에 최초로 생태통로가 설치되었습니다. 이후 계속 늘어 지금은 전국에 약 450개의 생태통로가 있다고 합니다. 생태통로 설치로 2006년 전국에 1,441건이었던 로드킬은 2014년 290건까지 ㉡감소했습니다.

사슴 살려!

생태통로는 주로 도심 인근에 설치되어 산책로와 겸용으로 사용하는 '육교형'과 주로 배수로, 차량 통행용으로 사용하는 '터널형'이 있습니다. 이외에도 댐 등에 수로를 만들어서 물고기들이 통과할 수 있게 한 '어도'라는 생태통로도 있습니다. 이 수로를 통해 하천과 바다를 오가며 알을 낳고 성장하는 물고기들이 죽지 않고 이동할 수 있습니다. 또한 조류와 곤충들이 이용하는 '징검다리식' 생태통로도 있습니다.

나는 동물을 보호하고 함께 조화를 이루어 살려고 하는 사람들의 아이디어에 감명을 받았습니다. 생태통로가 잘 설치되어서 불쌍하게 죽는 동물들이 더 줄면 좋겠고, 생태통로 말고도 동물들을 보호할 수 있는 아이디어를 더 많이 내야겠다고 생각했습니다.

단어 뜻 보기

나들이 집 가까운 곳에 잠시 나가 시간을 보내고 돌아오는 것

겸용 한 가지를 여러 목적으로 씀

수로 배나 물고기가 다닐 수 있게 만든 일정한 길

조류 새의 종류를 통틀어 일컫는 말

★
내용
파악하기 **1** 동물들의 로드킬을 막기 위해 만든 다리 역할을 하는 것은 무엇인가?

★★
가리키는
말 알기 **2** 글의 밑줄 친 ㉠이런 비극은 무엇을 뜻하는지 빈칸을 채우시오.

		이			를 건너다가 차에 치여 죽는 일

★★
낱말
이해하기 **3** 글의 밑줄 친 ㉡감소했습니다의 뜻으로 올바른 것은 무엇인가?

① 늘었습니다

② 보호했습니다

③ 없어졌습니다

④ 줄었습니다

★★
원인과
결과 알기 **4** 생태통로가 설치되어서 나타난 결과가 <u>아닌</u> 것은 무엇인가?

① 동물이 도로에서 죽는 로드킬이 많이 감소했다.

② 물고기들이 수로를 통해 오가며 이동하게 되었다.

③ 사람들이 생태통로로 동물들을 피해 다니게 되었다.

④ 조류와 곤충들도 생태통로를 이용하게 되었다.

내용 파악하기 5 ★★ 생태통로의 종류를 특징에 맞게 선으로 연결해 보시오.

(1) 도심 인근에 설치, 산책로와 겸용 •   • (ㄱ) 징검다리식

(2) 배수로, 차량 통행용으로 사용 •   • (ㄴ) 육교형

(3) 댐 등에 만들어진 수로 •   • (ㄷ) 터널형

(4) 곤충, 조류들이 이용 •   • (ㄹ) 어도

내용 파악하기 6 ★★★ 글의 내용과 맞는 것에는 ○, 바르지 <u>않은</u> 것에는 ×를 표시하시오.

(1) 현재 우리나라에 생태통로는 약 450개가 있다.   (   )

(2) 우리나라의 동물 로드킬의 수는 예전 그대로이다.   (   )

(3) 우리나라 최초의 생태통로는 설악산에 설치되었다.   (   )

(4) 생태통로는 육교형, 터널형, 어도 등 다양한 종류가 있다.   (   )

주제 이해하기 7 ★★ 생태통로 이야기를 통해 글쓴이가 말하고자 하는 바는 무엇인가?

① 산에 차가 다니는 길을 뚫지 말아야 한다.

② 동물들에게 생태통로에 관해 알려 주어야 한다.

③ 불쌍한 동물들을 생태통로에서 길러야 한다.

④ 동물들을 아끼고 적극적으로 보호해야 한다.

☆ 나만의 이야기 만들기 ☆

나와 친구들이 일상에서 자주 쓰는 줄임말과 원래의 말을 적어 봅시다.
그리고 줄임말을 사용할 때의 장단점을 생각해 봅시다.

● 자주 쓰는 줄임말 ●

줄임말	원래 말

★줄임말 사용의 장점

1. ....

2. ....

★줄임말 사용의 단점

1. ....

2. ....

◆ 예시 답안은 160쪽에 있습니다.

5과 과학과 환경

우리 몸뿐만 아니라 지구, 물질, 생태 등 우리를 둘러싼
여러 자연 현상을 잘 이해하여, 다가올 시대를 이끌어 갈
과학적 소양을 길러 봅시다.

목표 다음 독해 기술을 이용해 봅시다.

- ✓ **낱말 이해하기**
- ○ 가리키는 말 알기
- ✓ **글감 파악하기**
- ○ 주제 이해하기
- ✓ **내용 파악하기**
- ✓ **원인과 결과 알기**
- ○ 적용하기
- ✓ **요약하기**
- ○ 추론하기

교과서 연계
- [3학년 2학기] 과학 4단원 '물질의 상태'
- [3학년 1학기] 과학 5단원 '지구의 모습'
- [3학년 2학기] 과학 2단원 '동물의 생활'
- [4학년 1학기] 과학 2단원 '지층과 화석'

주어진 힌트를 보고, 들어갈 알맞은 단어를 써 봅시다.

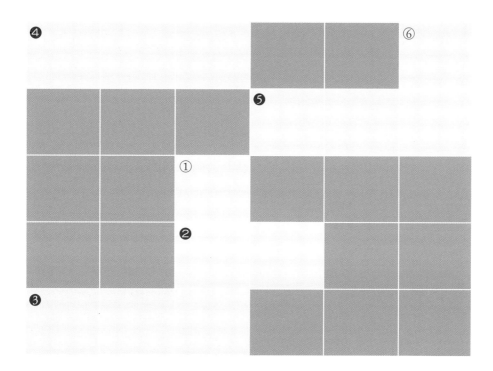

〈가로 힌트〉

❷ 지구가 중심축을 기준으로 스스로 도는 현상
❸ 코를 자유롭게 이용하며, 엄청난 양의 식사를 하는 포유동물
❹ 물체와 물체가 만나 마찰로 생긴 전기가 한곳에 모여 발생하는 것
  (겨울에 많이 발생함)
❺ 석탄, 석유, 가스 등의 화석연료가 배출하는 온실가스 때문에 지구가
  따뜻해지는 현상: 지구○○○

〈세로 힌트〉

① 밤하늘에 보이는 별들을 몇 개씩 연결해서 모양으로 만든 것
⑥ 먹은 음식을 씹거나 으깨어 흡수하기 쉽게 영양분으로 바꾸는 과정

이제
마지막이야!

화이팅~!

01

● 코끼리에 관해 얼마나 알고 있나요?

　여러분은 코끼리를 실제로 본 적 있나요? 코끼리는 부채처럼 생긴 커다란 귀와 긴 코, 상아라고 부르는 송곳니가 있는 것이 특징으로, 땅에 사는 동물 중에서 가장 크고 무겁습니다. 무게가 수천 킬로그램에 달하는 것도 있죠. 코끼리는 사는 곳에 따라 아프리카코끼리와 아시아코끼리로 나뉘는데, 주로 아프리카 대륙의 사하라 남쪽 지역과 중국, 인도, 동남아시아에 살고 있습니다.

　코끼리는 대식가여서 하루에 약 300kg(킬로그램)의 풀, 열매, 나뭇가지 등을 먹고 100ℓ(리터)의 물을 마십니다. 그러다 보니 하루 대부분의 시간을 먹는 데에 보냅니다. 비가 오지 않아 물이 부족한 건기에는 아주 먼 곳까지 물을 찾으러 다니기도 합니다.

　'코끼리는 코가 손'이라는 말이 나온 것은, 코끼리가 코를 자유자재로 이용하기 때문입니다. 코끼리의 긴 코는 윗입술과 하나로 붙어 있는데, 이 코에 15만 개 이상의 근육이 있어 마치 손처럼 나무에서 과일을 따거나 무거운 나무를 들 수 있습니다. 날이 더울 때는 코로 물을 빨아들였다가 몸에 뿌리기도 하고, 소리를 내서 위험을 알리거나 다른 코끼리와 대화를 하기도 합니다.

　코끼리는 혼자 지내지 않고 나이 많은 암컷을 우두머리로 하여 7~15마리 정도가 무리를 짓습니다. 그렇게 지내다가 다른 무리를 만나면 같이 어울려 30마리 정도의 큰 집단으로 생활하기도 합니다.

단어 뜻 보기

달하는 일정한 기준에 이르는 ⑩ 달하다

대식가 음식을 남보다 더 많이 먹는 존재

건기 비가 오지 않아서 날씨가 매우 건조한 시기

자유자재 거침없이 자기 마음대로 할 수 있음

우두머리 어떤 조직이나 단체에서 리더인 사람

무리 사람이나 짐승이 뭉친 하나의 떼

★
글감
파악하기 **1** 글의 글감이 무엇인지 쓰시오.

★★
내용
파악하기 **2** 코끼리에 관한 설명으로 바른 것에는 ○, 바르지 않은 것에는 ×를 표시하시오.

(1) 하루 대부분의 시간을 먹는 데 쓴다. ( )

(2) 나이 많은 수컷 중심으로 무리 지어 산다. ( )

(3) 상아는 아프리카코끼리만 가지고 있다. ( )

(4) 땅에 사는 동물 중 가장 크고 무거운 동물이다. ( )

★★★
내용
파악하기 **3** 다음 중 코끼리의 식생활에 대한 설명으로 알맞지 않은 것은 무엇인가?

① 하루에 약 300kg의 풀, 열매 등을 먹는다.

② 하루에 세 번 정해진 시간에 먹는다.

③ 물을 하루에 약 100ℓ 정도 마신다.

④ 건기에는 먼 곳까지 물을 찾아간다.

★★
내용
파악하기 **4** 다음 중 코끼리 코가 하는 역할이 아닌 것은 무엇인가?

① 물을 빨아들이고 내뿜기

② 나무에서 과일 따기

③ 나무와 나무 사이 거리 재기

④ 다른 코끼리와 대화 나누기

02

● 화석이 어떻게 만들어지는지 알고 있나요?

나연 와! 여기 봐! 돌에 물고기 뼈랑 조개, 나뭇잎 흔적이 보여!

규리 우와! 내가 좋아하는 공룡 발자국이네! 엄청 커!

선생님 여러분, 신기하죠? 여러분이 보고 있는 것은 화석이에요.

학생들 화석이요? 그게 뭐예요?

선생님 생물이 죽으면 그 위로 흙이 계속 쌓여요. 오랜 시간이 지나 흙이 층층이 쌓이다 보면 딱딱하게 굳어 지층이 되고, 그 지층 안에 있던 죽은 생물도 돌처럼 딱딱해지죠. 이렇게 딱딱해진 죽은 생물이나 그 생물이 남긴 흔적을 화석이라고 해요. 화석은 땅을 파서 찾아내기도 하고 지층이 깎여서 드러나기도 해요.

전에 찰흙에 모양 찍기와 손바닥 찍기 같은 활동을 했었죠? 찰흙에 물건을 찍으면 모양에 따라 흙이 움푹 파이고, 시간이 지나면 파인 형태 그대로 흙이 말라 딱딱해지죠. 화석도 비슷한 원리로 만들어져요.

여러분, 여기에 있는 물고기 화석들의 형태와 크기가 다 다르죠? 화석의 크기는 우리가 눈으로 확인할 수 있는 것도 있고 현미경으로 관찰해야 보이는 아주 작은 것도 있어요.

재성 선생님, 화석으로는 무엇을 알 수 있어요?

선생님 옛날에 지구의 어떤 지역에 어떤 생물이 살았는지 알 수 있어요. 또 그 화석이 만들어진 시대의 환경을 알 수 있죠. 예를 들어, 어떤 지층에서 바다생물이 나오면 그 지역이 예전에 바다였다고 짐작할 수 있어요.

학생들 선생님, 화석 이야기가 참 재밌어요!

단어 뜻 보기

지층 오랜 시간이 지나면서 여러 종류의 흙이 쌓여 층을 이룬 것

파이고 구덩이나 구멍이 만들어지고 ⑧ 파이다

형태 사물의 모양 또는 생김새

관람 영화나 공연, 전시 등을 구경함

★
글감
파악하기 **1** 학생들과 선생님은 주로 무엇에 관해 이야기하고 있는가?

☐☐

★★
내용
파악하기 **2** 화석이 만들어져서 발견되는 과정에 맞게 아래 ㉠~㉣을 쓰시오.

> ㉠ 지층이 깎여 나가면서 발견됨
>
> ㉡ 생물이 죽음
>
> ㉢ 오랜 시간이 지나 죽은 생물이 돌처럼 딱딱해짐
>
> ㉣ 죽은 생물 위로 계속 흙이 쌓여 지층이 됨

(→   →   →   ㉠   )

★★★
내용
파악하기 **3** 다음 중 화석에 대한 설명으로 바르지 <u>않은</u> 것을 고르시오.

① 여러 화석의 크기는 대체로 비슷하여 우리 손바닥 만하다.

② 화석은 생물이 죽어서 지층 속에 묻힌 것이다.

③ 공룡 발자국 화석, 나뭇잎 화석도 발견되었다.

④ 맨눈으로 보기 어려운 작은 화석도 있다.

★★
내용
파악하기 **4** 화석으로 알 수 있는 것들이 무엇인지 빈칸을 채우시오.

(1) 어떤 지역에 어떤 ☐☐ 이 살았는지

(2) 화석이 발견된 시대의 ☐☐ 이 어땠는지

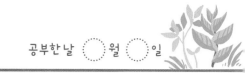

03

● 기억하고 있는 태풍 이름이 있나요? 태풍으로 어떤 피해를 입었나요?

뉴스에 태풍 '솔릭'이 제주도를 강타했다는 소식이 나왔습니다.

"아빠, 솔릭이라는 이름이 멋져요! 그러고 보니 태풍에는 늘 이름이 붙네요?"

아빠는 기상청에서 근무하시기 때문에 이런 질문에 잘 대답해 주십니다.

"예전에는 태풍을 번호로 불렀어. 그런데 1900년대 호주의 한 기상 예보관이 태풍에 싫어하는 정치가의 이름을 붙인 다음부터 이름으로 부르기 시작했지. 지금은 14개국으로 조직된 태풍위원회에서 제출한 이름을 사용해."

"그렇군요. 그나저나 아빠, 뉴스 좀 보세요. 나무가 다 뽑히고 폭포가 하늘 위로 치솟았어요!"

"태풍의 위력은 엄청나단다. 뉴스에서 본 것처럼 바람 때문에 큰 나무가 뽑히기도 하고 자동차나 집 지붕이 날아가기도 해. 농작물과 재산, 인명 피해를 일으키기도 한단다. 하지만 태풍이 피해만 입히는 것은 아니야. 태풍은 가뭄을 해소해 주기도 하고 바다 속에 산소를 공급해서 바닷속 생물들이 살 수 있게 하기도 해."

"그렇군요. 하지만 피해가 더 커 보여요. 아예 안 왔으면 좋겠어요. 그런데, 태풍은 어디에서 생겨요?"

"태풍은 주로 열대 지역의 바다에서 생기는데, 발생하는 곳에 따라 허리케인 또는 사이클론이라고도 불러. 태풍이 올 때 바람이 어마어마하게 부는데 신기하게도 태풍의 중심은 구름도 없고 아주 고요하단다. 이것을 태풍의 눈이라고 하지."

"태풍의 눈, 멋진데요? 아빠는 어쩜 태풍에 관해서도 그리 잘 아세요? 역시 아빠는 척척박사예요!"

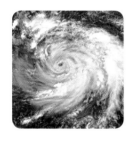

단어 뜻 보기

위력 강하고 큰 힘

인명 사람 목숨

해소 발생한 문제나 나쁜 일을 해결해서 없앰

열대 지역 일 년 내내 기온이 높고 비가 많이 내려 강수량이 풍부한 지역

척척박사 여러 방면에 아는게 많아서 무엇을 묻든지 바로바로 대답하는 사람

★
글감
파악하기 **1** 주로 무엇에 관해 이야기하는 글인지 쓰시오.

☐☐

★★
내용
파악하기 **2** 어떤 기준에 따라 태풍, 사이클론, 허리케인 등으로 불리는가?

① 발생하는 해　　　　　② 발생하는 횟수

③ 발생하는 곳　　　　　④ 발생하는 계절

★★★
내용
파악하기 **3** '태풍 중심에 있는 구름도 없고 고요한 곳'을 무엇이라고 하는지 찾아 쓰시오.

☐☐ 의 ☐

★★★
내용
파악하기 **4** 태풍에 관한 설명으로 바른 것에는 ○를, 바르지 않은 것에는 ×를 표시하시오.

(1) 태풍은 처음부터 이름으로 불렸다.　　　　　　　　　　(　)

(2) 태풍이 올 때 부는 바람은 큰 피해를 준다.　　　　　　(　)

(3) 태풍은 바닷속에 산소를 공급해 준다.　　　　　　　　(　)

(4) 태풍의 이름을 결정하는 나라는 호주이다.　　　　　　(　)

04

● 밤하늘에서 별자리를 찾을 수 있나요?

우리나라의 북쪽 하늘을 쳐다보고 있으면 계절이 바뀌어도 늘 같은 자리에서 빛나는 별을 찾을 수 있습니다. 이 별은 북극성입니다. 북극성은 지구 자전축 위에 있어서 움직이지 않고 고정된 것처럼 보여 길잡이 역할을 하는 별입니다. 북극성 부근에 있는 별자리들은 계절에 상관없이 항상 보입니다. 이러한 별자리에는 큰곰자리, 작은곰자리, 카시오페이아자리, 케페우스자리가 있습니다.

그렇다면 별자리는 무엇이고 언제 만들어진 것일까요? 별자리는 밤하늘에 보이는 별들을 몇 개씩 연결하여 모양을 만들어 이름을 붙인 것으로, 약 5000년 전 바빌로니아 사람들이 처음 만들었다고 합니다. 이후 신화 속 인물이나 동물, 물건의 이름을 붙이게 되었고, 국제적인 표준 별자리는 88개입니다.

계절마다 밤 9시경 남쪽 하늘에서 잘 보이는 별자리를 계절별 별자리라고 합니다. 우리나라는 계절마다 보이는 별자리가 다릅니다. 우리나라 봄, 여름, 가을, 겨울에 볼 수 있는 대표적인 별자리를 한 번 알아볼까요?

<단어 뜻 보기>

자전축 지구의 남극과 북극을 직선으로 연결한 선 (※이 축을 중심으로 지구는 하루에 한 바퀴 돈다.)

길잡이 길을 이끌어 주는 사람 또는 사물

〈봄〉	〈여름〉
• **대표적인 별자리**: 처녀자리, 목동자리, 사자자리 • **특징**: 세 별자리의 특정 별을 연결하면 큰 삼각형을 이룸	• **대표적인 별자리**: 백조자리, 거문고자리, 독수리자리, 헤라클레스자리 • **특징**: 백조자리, 독수리자리, 거문고자리의 특정 별을 연결하면 큰 삼각형을 이룸
〈가을〉	〈겨울〉
• **대표적인 별자리**: 페가수스자리, 안드로메다자리, 물고기자리, 양자리 • **특징**: 페가수스자리가 되는 네 개의 별 주변에 나머지 가을별 대표 별자리들이 모여 있음	• **대표적인 별자리**: 오리온자리, 큰개자리, 작은개자리, 쌍둥이자리, 마차부자리, 황소자리 • **특징**: 오리온자리, 큰개자리, 작은개자리의 특정 별을 연결하면 삼각형을 이룸 

1 다음 중 글의 글감으로 알맞은 것을 고르시오.

① 북극성 ② 큰곰자리
③ 밤하늘 ④ 별자리

 2 다음 중 북극성에 대한 설명으로 바르지 <u>않은</u> 것은 무엇인가?

① 북극성 주변의 별들은 사계절 내내 볼 수 있다.

② 북극성은 지구 자전축 위에 있어서 고정된 것처럼 보인다.

③ 북극성은 계절에 따라 볼 수 있는 계절별 별자리이다.

④ 북극성 주변에는 큰곰자리, 작은곰자리, 카시오페이아자리 등이 있다.

3 별자리에 대한 설명으로 바른 것에는 ○, 바르지 <u>않은</u> 것에는 ×를 표시하시오.

(1) 밤하늘에 보이는 별을 몇 개씩 연결해 만든 것이다. ( )

(2) 국제적으로 인정하는 표준 별자리는 88개이다. ( )

(3) 신화 속 인물이나 동물, 물건의 이름을 붙인다. ( )

(4) 우리나라는 계절에 상관없이 볼 수 있는 별자리가 같다. ( )

4 우리나라에서 아래 별자리들을 볼 수 있는 알맞은 계절을 쓰시오.

별자리 이름	사자자리	쌍둥이자리	거문고자리	물고기자리
계절				

05

● 고체, 액체, 기체가 어떤 상태인지 알고 있나요?

"신발이 이슬에 다 젖었네요?"

엄마가 운동을 하고 들어오신 아빠를 보고 말씀하셨습니다.

"이슬이 뭐예요?"

엄마 말을 듣고 동생 채원이가 물었습니다. 마침 학교에서 얼마 전에 배운 내용이라 내가 설명해 주었습니다.

"낮에는 기온이 높아서 공기 중에 수증기가 많은데, 밤이나 새벽에 기온이 낮아지면 공기가 수증기를 많이 가지고 있을 수 없어. 그래서 나머지 수증기는 엉겨 붙어 물방울과 같은 이슬로 바뀌는 거지."

"우리 민철이 잘 배웠구나! 맞아, 이슬은 낮과 밤의 기온 차이가 심할 때 많이 생긴단다."

"채원아, 물이 모양을 바꾸는 건 알고 있지?"

커피 물을 끓이며 엄마가 말씀하셨습니다.

"물이 끓으면 이렇게 하얀 김이 올라오는데 이것을 수증기라고 해. 이것도 물의 성질이 변해서 모양이 바뀐 거란다."

"저도 알아요. 그리고 물이 얼면 얼음이 되잖아요."

"우리 채원이도 많이 알고 있네!"

아빠께서 채원이를 칭찬해 주셨습니다.

"물은 액체야. 흐르는 성질이 있고, 담는 그릇에 따라 모양이 변하지만 일정한 부피를 유지하지. 물이 얼어서 딱딱한 얼음이 되면 고체가 되지. 고체는 손으로 잡을 수 있고 일정한 모양과 부피를 계속 유지하는 것이야. 마지막으로 수증기처럼 흩어져서 일정한 모양이 없고 부피가 쉽게 변하면 기체가 된 거야. 기체는 손으로 잡을 수 없고, 대부분 눈에 보이지 않아."

"아침부터 과학 공부를 했네요. 이제 밥 먹으면 안 될까요?"

기체
고체
액체

단어 뜻 보기

일정한 어떤 것의 크기나 모양 등이 변하지 않고 정해져 있는 ⑪ 일정하다
부피 입체도형이 차지하는 공간의 크기
유지 그대로 보존하거나 계속 가져감

1 다음 중 수증기에 관해 알 수 <u>없는</u> 것을 고르시오.

① 낮에는 기온이 올라가 공기 중에 수증기가 많다.

② 밤에는 기온이 낮아져 공기가 수증기를 많이 갖지 못한다.

③ 기온이 내려가면 수증기 일부는 서로 붙어 이슬이 된다.

④ 공기 중에 포함되지 않은 수증기는 지구 밖으로 사라진다.

 2 어떤 날 이슬이 많이 생기는지 바르게 설명한 것은 무엇인가?

① 비가 많이 와서 기온이 낮은 날

② 선선하고 바람이 많이 부는 날

③ 아침과 밤의 기온 차가 큰 날

④ 칼날같이 찬 바람이 부는 날

 3 글을 읽고 빈칸을 알맞은 말로 채우시오.

고체	• 손으로 잡을 수 있음 • 일정한 (1)(　　　　)과 (2)(　　　　) 유지
(3) (　　　)	• 흐르는 성질이 있음 • 담는 그릇에 따라 모양이 바뀜 • 일정한 부피 유지
(4) (　　　)	• 부피가 쉽게 변함 • 손으로 잡을 수 없고, 대부분 보이지 않음

06

● 따가운 정전기는 왜 발생할까요?

"앗, 따가워!"

겨울에 스웨터나 코트를 입고 벗을 때, 또는 문손잡이를 잡았을 때 따끔한 전기를 느껴 본 적 있나요? 풍선을 분 다음 머리카락에 문지르면 머리카락이 풍선에 붙어서 서는데 왜 그런 걸까요?

이런 현상은 모두 정전기 때문입니다. 물체와 물체가 만나 마찰이 생기면 물체는 전기를 띠게 되는데, 이 전기가 움직이지 않고 한곳에 모이면 정전기가 발생합니다. 정전기는 여름보다 건조한 계절인 겨울에 특히 자주 발생하지요.

정전기가 일어나면 따끔한데, 이것이 우리 몸에 위험하지는 않을까요? 다행히 일상생활에서 발생하는 정전기는 우리 몸을 통해 흐르지는 않기 때문에 걱정하지 않아도 됩니다. (㉠) 언제나 안심할 수 있는 것은 아닙니다. 알코올이나 화약을 취급하는 곳에서 정전기가 발생하면 매우 위험할 수 있어요. (㉡) 그런 곳에서는 정전기가 일어나는 것을 막는 옷이나 신발을 신기도 합니다.

그러면, 일상생활에서 정전기를 어떻게 줄일 수 있을까요? 겨울철에 세탁할 때 섬유유연제를 사용하거나 옷을 입고 나서 정전기 방지 스프레이 등을 뿌리면 좋습니다.

단어 뜻 보기

물체 모양, 무게, 부피를 가진 물건

마찰 두 개의 물건을 문지르거나 비비는 것

전기 에너지의 한 형태

발생 새로 생김

1 다음 중 정전기에 대한 설명으로 알맞은 것은 무엇인가?

① 물체 내부에 자극을 받아 전기가 생긴 것을 정전기라고 한다.

② 일상생활에서 발생하는 정전기는 우리 몸에 위험하다.

③ 정전기가 자주 발생하는 계절은 겨울보다 여름이다.

④ 전기가 움직이지 않고 한곳에 모이면 정전기가 발생한다.

 2 다음 중 정전기가 발생하기 좋은 환경은 무엇인가?

① 거센 바람   ② 건조한 공기

③ 맑은 하늘   ④ 높은 열

 3 글의 빈칸 ㉠과 ㉡에 들어갈 말로 알맞게 짝지어진 것을 고르시오.

① 그러나 – 그리고

② 하지만 – 그리고

③ 그래서 – 하지만

④ 하지만 – 그래서

 4 일상생활에서 정전기를 줄일 방법 두 가지를 글에서 찾아 쓰시오.

• 첫째: _____

• 둘째: _____

07

● 지구온난화가 우리 생활에 미치는 영향에 관해 알고 있나요?

전 세계에서 가장 걱정하는 환경 문제 중 하나는 지구온난화이다. 지구온난화는 지구의 평균 기온이 올라가면서 지구가 점점 뜨거워지는 현상을 말한다. 우리가 석탄, 석유, 가스 등의 화석연료를 사용할 때 이산화탄소와 같은 온실가스를 배출하는데, 이 온실가스가 지구 안의 열이 밖으로 빠져나가지 못하게 막으면서 지구가 뜨거워지는 것이다.

그렇다면 지구온난화가 왜 문제일까? 그것은 지구온난화가 지구에 큰 기후 변화를 가져와서 우리 삶을 위협하기 때문이다. 지구 온도가 올라가면 생태계가 변하고 파괴된다. 지구 온도는 지난 100년간 0.7도 이상 ㉠상승했는데 지구 온도가 1도 올라가면 지구 생태계의 30%(퍼센트) 정도가 ㉡멸종될 수 있다고 한다. 즉, 몇 십년 뒤에는 현재 멸종위기종으로 지정된 귀여운 수달이나 바다사자가 완전히 사라져서 아예 못 보게 될 수도 있다.

그렇다면 지구온난화를 막기 위해 우리가 실천할 수 있는 방법으로는 무엇이 있을까? 먼저 일상에서 일회용품 사용을 자제하고 생활 쓰레기를 줄이는 방법이 있다. 그리고 친환경 제품이나 재활용 제품을 이용하면 자원을 아낄 수 있다. 에너지를 절약하는 것도 필요하다. 자가용 차보다 버스나 지하철 같은 대중교통을 이용하면 어떨까? 적정 실내 온도 유지도 중요하다. 여름에는 26도에 맞춰 에어컨을 틀고 겨울에는 18~20도로 온도를 유지하여 난방하는 것이 좋다.

단어 뜻 보기

기후 비, 눈, 온도 등의 해마다 되풀이되는 대기 상태

생태계 생물들이 사는 환경과 그 환경이 유지되는 체계

지정 특정 단체가 어떤 것에 특별한 자격을 주는 것

자제 감정을 스스로 다스리는 것

적정 기준에 맞게 올바른 정도

덥다, 더워~

글감 파악하기 **1** 다음 중 글의 글감으로 알맞은 것을 고르시오.

① 일회용품 ② 화석연료

③ 재활용 제품 ④ 지구온난화

 낱말 이해하기 **2** 밑줄 친 ㉠상승과 ㉡멸종의 뜻에 해당하는 말을 글에서 찾아 알맞은 형태로 쓰시오.

㉠상승 : 아래(낮은 데)에서 위(높은 데)로 〔 〕〔 〕〔 〕 는 것

㉡멸종 : 어떤 생물의 종이 완전히 〔 〕〔 〕〔 〕 는 것

 원인과 결과 알기 **3** 빈칸을 채워 지구온난화가 발생하는 원인에 관한 설명을 완성하시오.

우리가 사용하는 석탄, 석유, 가스 등의 화석연료가 배출한

〔 〕〔 〕〔 〕〔 〕〔 〕 와 같은 〔 〕〔 〕〔 〕〔 〕 가

지구 안의 열이 밖으로 나가지 못하게 막으면서 발생한다.

내용 파악하기 **4** 지구온난화를 막기 위해 실천할 수 있는 방법과 거리가 먼 것을 고르시오.

① 생활하면서 나오는 비닐 같은 쓰레기를 줄인다.

② 자동차를 운전하기보다 대중교통을 이용한다.

③ 친환경 제품이나 재활용 제품을 이용한다.

④ 겨울에는 실내 온도를 26도로 유지한다.

● 똥은 어떻게 우리 몸 밖으로 나올까요?

나는 책 읽기를 좋아하는 예준이와 도서관에 갔습니다. 그런데 책을 읽는 중에 살살 배가 아파졌습니다.

"나 배 아파. 똥 좀 누고 올게."

화장실에서 시원하게 볼일을 보고 온 나에게 예준이가 말했습니다.

"준민아, 너 먹은 음식이 어떻게 똥으로 변해서 우리 몸 밖으로 나오는지 알아?"

"글쎄, 잘 모르겠는데. 한번 찾아볼까?"

우리는 열심히 소화에 대한 책을 찾아보았습니다. 우리가 먹은 음식은 여러 소화기관을 지나 마지막에 똥이 되어 나옵니다. 위뿐 아니라 입과 소장, 대장도 소화기관이라는 것을 알고 놀랐습니다. 소장과 대장은 구불구불하고 엄청 긴데, 그것이 모두 우리의 작은 몸 안에 들어 있다는 것도 신기했습니다.

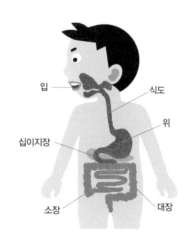

"소화는 우리가 먹은 음식을 씹거나 으깨어 흡수하기 쉽게 영양분으로 바꾸는 과정이래. 음식을 여러 번 씹으면 침이 음식을 걸쭉하게 만들어 삼키기 쉽게 만든다고 하네."

"그렇게 부서진 음식이 식도를 지나 위로 가는구나. 위는 주머니 모양으로 생겼는데, 그곳에서 위액이 분비되어서 음식물을 녹여 분해하네. 그다음에 지나는 게 십이지장이고."

"위와 소장을 이어 주는 길이 십이지장이구나. 여기서는 쓸개즙과 이자액이라는 것이 나와서 소화를 돕네."

"그다음은 소장. 소장에서 영양분을 흡수하고 대장에서는 남은 수분을 흡수한대."

"그래서 남는 게?"

단어 뜻 보기

흡수 어떤 물질을 안으로 빨아들이는 것
걸쭉하게 액체가 묽지 않고 진하게 ⑩ 걸쭉하다
위액 동물의 위에서 소화를 돕기 위해 배출하는 액체
분해 여러 개가 합쳐져 이루어진 하나의 물질을 낱낱으로 나누는 것
혈액 피
인체 사람의 몸

"똥이겠지? 그렇다면 똥은 영양분이 다 빠지고 남은 찌꺼기인 거네."

소화 작용을 통해 음식이 분해되고 영양분은 혈액을 통해 우리 몸의 구석구석으로 전달된다고 합니다. 알수록 신비한 우리 몸, 다음에는 또 다른 인체 탐험을 해 보고 싶습니다.

 1 빈칸을 알맞은 말로 채워 '소화'의 뜻을 완성하시오.

소화: 먹은 음식을 잘게 부수고 분해하여 우리 몸에 ☐☐☐ 을 공급하는 과정

 2 소화기관 중 위와 소장을 이어 주는 길 역할을 하는 것을 글에서 찾아 쓰시오.

_____

 3 다음 중 소화기관으로 언급되지 <u>않은</u> 것은 무엇인가?

① 입   ② 소장
③ 대장   ④ 간

다음 설명 중 바른 것에는 ○, 바르지 <u>않은</u> 것에는 ×를 표시하시오.

(1) 소화 작용을 통해 음식이 분해된다. ( )

(2) 입 안의 침은 음식을 삼키기 어렵게 한다. ( )

(3) 영양분은 혈액을 통해 몸 전체에 전달된다. ( )

(4) 똥은 영양분을 많이 포함하는 찌꺼기이다. ( )

다음은 소화 과정을 정리한 것이다. 빈칸에 알맞은 소화기관을 쓰시오.

입

: 이로 음식을 씹고 부순다. 침이 입 안의 음식을 걸쭉하게 만든다.

→ | 식 | 도 | 를 지난다.

→ | | : 주머니 모양. 위액이 음식물을 분해한다.

→ | | | | : 쓸개즙과 이자액이 소화를 돕는다.

→ | | : 영양분을 흡수한다.

→ | | : 남은 수분을 흡수한다.

→ 똥이 몸 밖으로 나온다.

✪ 나만의 이야기 만들기 ✪

우리 몸에서 가장 신기한 부위나 기관은 어디인가요?

그 신체 부위나 기관이 주로 하는 일은 무엇인가요?

신기한 신체 부위나 기관에 관해 조사해 보고 간단히 정리해 봅시다.

★ 신기한 부위/기관 1:

★생김새:

(직접 그리세요.)

★특징/역할:

1.

2.

3.

★ 신기한 부위/기관 2:

★생김새:

(직접 그리세요.)

★특징/역할:

1.

2.

3.

◆ 예시 답안은 164쪽에 있습니다.

정답과 해설

어떻게 읽을까
무엇을 읽을까

어떻게 읽을까

낱말 이해하기

17쪽

> 1 (1) 뜻과 힘을 모으는   (2) 협력
> 2 (1) 산과 물이 어우러진 자연의 아름다움을 그린
>   (2) 풍경화, 산수도

1 낱말 뜻 찾기 뜻을 모르는 낱말이 나와도 당황하지 말고 글 속에서 힌트를 찾아보세요. 낱말의 뜻이 풀이되어 있거나 비슷한 뜻을 가진 낱말 또는 반대 뜻을 지닌 낱말이 글에 나오는 경우가 많습니다. 문맥을 통해 낱말의 뜻을 짐작해 보세요.

(1) 협동이라는 낱말 앞에 '목적을 이루기 위해 뜻과 힘을 모으는 것'이라고 뜻풀이가 나옵니다.

(2) '혼자는 어렵지만 여럿이 협력하면 해낼 수 있는 일이 많습니다'라는 문장에서 '협동'과 뜻이 같은 낱말이 '협력'이라는 것을 짐작할 수 있습니다.

2 낱말 뜻 파악하기 (1) 글의 첫째 문장에 '산수화는 산과 물이 어우러진 자연의 아름다움을 그린 그림'이라고 산수화의 뜻이 나옵니다.

(2) 첫째 문장에 산수화를 '풍경화' 또는 '산수도'라고도 부른다는 내용이 나옵니다.

가리키는 말 알기

19쪽

> 1 (1) 우리 가족이 2년 전에 영국 여행을 다녀왔다는 사실
>   (2) 시계탑 앞
> 2 ㉠ 우리: 도겸이(나)와 지욱
>   ㉡ 그건: 의사나 교수가 되는

1 가리키는 말 찾기 (1) '그 사실'은 우리 가족이 2년 전에 영국 여행을 다녀왔다는 사실을 말합니다.

(2) '거기'는 장소를 가리킬 때 쓰는 말입니다. '거기' 앞에 언급되는 장소는 시계탑 앞과 서점 앞입니다. 지금은 시계탑 앞에 있지만, 서점 앞에서 만나겠냐는 말에 아니라고 답하면서 거기에서 기다리라고 하므로 '거기'는 지금 기다리고 있는 시계탑 앞이라는 것을 알 수 있습니다.

2 가리키는 대상 파악하기 가리키는 말이 무엇을 나타내는 것인지 파악하려고 할 때는 가리키는 말의 앞 문장이나 앞의 내용을 꼼꼼히 살펴봐야 합니다.

㉠우리: 여기서 '우리'는 나(도겸)와 친구인 지욱입니다.

㉡그건: 앞서 엄마가 말씀하신 부분 "엄마는 도겸이가 의사나 교수가 되면 좋을 것 같아."에서 '의사나 교수가 되는 것'을 가리킵니다.

글감 파악하기

21쪽

> 1 (1) 일기 (2) 일기   2 ②

1 자주 나오는 낱말 찾기 (1) 글에서 가장 자주 나오는 낱말은 '일기'입니다.

(2) 가장 자주 나오는 낱말이 일기이고, 글은 일기를 어떻게 쓰느냐에 관한 내용이므로 글감은 '일기 쓰기'라는 것을 알 수 있습니다.

2 중요한 정보 찾기 이 글은 사람, 치타, 돼지, 호랑이, 사자, 말, 타조, 나무늘보의 달리기 속도에 관해 알려 주

는 글입니다. 따라서 글 전체의 글감으로 가장 알맞은 것은 ② '동물의 달리기 속도'입니다.

23~25쪽

독해기술 04 주제 이해하기

1 (1) ③
　(2) 우리가 우물 안 개구리가 되지 않으려면 책을 많이 읽고 여러 경험을 통해 세상을 더 넓고 깊게 보는 눈을 키워야 합니다.
　(3) ②

2 (1) 애완동물　　　(2) ③　　　(3) ④
　(4) 반려동물을 단순히 사람의 즐거움을 위한 장난감과 같은 존재가 아니라, 감정을 가진 귀한 생명으로 인정하고 반려동물에 대한 고마움과 책임감을 가져야 할 것이다.

1 짧은 글의 주제 파악하기 (1) '우물 안 개구리'라는 속담을 사용해 주제를 말하고 있습니다. 따라서 글의 글감은 ③입니다.

(2) 글쓴이가 하고 싶어 하는 말은 마지막 문장 '우리가 우물 안 개구리가 되지 않으려면 책을 많이 읽고 여러 경험을 통해 세상을 더 넓고 깊게 보는 눈을 키워야 합니다'에 담겨 있습니다.

(3) 이 글의 주제를 제대로 이해한 친구는 '많은 경험을 쌓아 세상을 더 넓게 보는 안목을 키우고 싶다'고 한 지혜입니다.

2 긴 글의 주제 파악하기 (1) 개와 고양이, 햄스터, 금붕어, 앵무새 등 사람이 만족감과 즐거움을 얻기 위한 목적으로 키우는 동물을 '애완동물'이라고 한다는 내용이 글의 첫째 단락에 나옵니다.

(2) 이 글은 '반려동물'을 글감으로 삼아, 사람들이 반려동물에 관해 어떤 마음가짐을 가져야 하는지를 쓴 글입니다.

(3) 반려동물에 관한 마음가짐에 관해 말하는 〈라〉단락에 글쓴이가 주장하는 내용이 나옵니다.

(4) 〈라〉단락에서 글쓴이가 무엇을 말하는지 확인하면 됩니다. 글쓴이는 마지막에 "반려동물을 단순히 사람의 즐거움을 위한 장난감과 같은 존재가 아니라, 감정을 가진 귀한 생명으로 인정하고 반려동물에 대한 고마움과 책임감을 가져야 할 것이다"라고 말합니다.

독해기술 05 원인과 결과 알기

27~29쪽

1 해설 참조　　　　　2 ④
3 주사위를 굴렸을 때 숫자나 도형이 새겨진 한쪽 면이 정확히 위로 향하게 멈춰야 하는데, 동그라면 멈추지 않고 계속 굴러가겠죠.
4 (1) 3일 정도 물을 마시지 않고도 견딜 수 있기
　(2) 혹 안의 지방을 분해해서 수분으로 바꿔 몸에 필요한 수분을 공급
5 해설 참조

1 원인과 결과 구분하기 보통 문장에서 '~해서, ~때문에, ~하자, ~이유로'로 묶이는 부분이 일의 '원인'이 됩니다. 문장의 나머지 내용이 '결과'입니다.

(1) 한국어와 영어는 말의 순서나 발음이 달라서[원인] / 한국인 중에는 영어를 배울 때 어려워하는 사람이 많다[결과].

(2) 추운 겨울에 어떤 동물들은 따뜻한 봄이 올 때까지 겨울잠을 잔다[결과]. / 겨울에는 식량을 구하거나 밖에서 활동하기가 어렵기 때문이다[원인].

② 원인과 결과 파악하기 나무늘보의 움직임이 느린 이유는 '몸에 근육이 없어서'입니다.

③ 원인과 결과 파악하기 주사위를 굴렸을 때 숫자나 도형이 새겨진 한쪽 면이 정확히 위로 향하게 멈춰야 하는데, 원형이면 멈추지 않고 계속 굴러가므로 둥글게 만들지 않는다고 합니다.

④ 원인과 결과 파악하기 (1) 옛날 중동 지역 상인들은 사막을 다닐 때 주로 낙타를 이용했습니다. 낙타는 '3일 정도 물을 마시지 않고도 견딜 수 있어서' 물이 부족한 사막 지역을 다닐 때 타고 다니기 좋은 동물이었습니다.
(2) 낙타는 물이 부족할 때 '혹 안의 지방을 분해해서 수분으로 바꿔 몸에 필요한 수분을 공급'합니다. 그래서 낙타는 물이 부족한 사막에서도 잘 견딜 수 있는 동물입니다.

⑤ 원인과 결과 짝짓기 이 글에는 많은 원인과 결과가 나옵니다. 그것들을 표에 정리하면 다음과 같습니다.

	원인	결과
(1)	(참새가 벼를 쪼아먹어서 쌀의 수확량이 떨어진다)는 이유로	1950년대 중국에서는 참새를 모두 잡았다.
(2)	참새가 사라지자	벼에 붙어살면서 (벼를 병들게 하는 해충)이 너무 빠르게 늘었다.
(3)	(2)의 '결과' 때문에	벼가 (모두 병들었던) 것이다.
(4)	(3)의 '결과' 때문에	(수확할 수 있는 쌀)이 부족해졌다.
(5)	(4)의 '결과' 때문에	많은 사람이 굶어 죽었다.

31~35쪽

독해기술 06 내용 파악하기

1 (1) 프랑스 → 네덜란드   (2) 30세 → 37세
  (3) 18세기 동양 미술 → 20세기 서양 미술
2 해설 참조
3 (1) 그래서   (2) 그러나   (3) 왜냐하면
4 (1) 모양   (2) ① 상현달 ② 보름달 ③ 그믐달
  ④ 하현달 ⑤ 초승달
5 (1) ③   (2) 체온을 낮추기[조절하기]
  (3) ④   (4) ① ✗ ② ○ ③ ✗ ④ ✗

① 세부 내용 파악하기 세부 내용을 꼼꼼하게 확인해야 올바른 정보를 얻을 수 있습니다.
(1) 빈센트 반 고흐는 프랑스가 아니라 '네덜란드'에서 태어났습니다.
(2) 빈센트 반 고흐는 1890년 '37'세의 나이에 죽었습니다.
(3) 빈센트 반 고흐는 '20세기 서양 미술'에 큰 영향을 미친 것으로 평가받고 있습니다.

② 중요한 정보 정리하기 글을 읽을 때 세세한 정보를 잘 구분해 정리하면 내용을 빠르고 쉽게 이해할 수 있습니다. 누가, 언제, 어디서, 무엇을, 왜, 어떻게 했는지 정리해 봅시다.

누가	(나)와 부모님은
언제	(여름방학) 때
어디서	전라북도 (전주)로
무엇을	(여행)을 갔다
왜	전주 (한옥마을)을 구경하려고

③ **이어 주는 말 이해하기** '그러나'는 앞의 문장(내용)과 다른 또는 반대되는 내용을 말하고자 할 때 쓰는 말이고, '왜냐하면' 이유를 설명할 때 쓰는 말입니다. '그래서'는 앞의 내용이 원인이 되어 어떤 결과가 나왔다는 것을 뜻합니다.

(1) 내가 조금 화가 난 것은 지수가 말도 안 하고 내 연필을 가져갔기 때문이라고 보는 것이 알맞습니다. 그러므로 '그래서'를 문장 앞에 넣는 것이 맞습니다.

(2) 처음 세종대왕께서 훈민정음을 만드셨을 때는 문자가 28개였는데, 현재는 24개만 쓰고 있습니다. 앞 문장과 달라진 내용이 뒤에 나오므로 빈칸에 들어갈 알맞은 말은 '그러나'입니다.

(3) 책 읽기를 싫어하는 내가 이 책을 좋아하는 이유가 뒤 문장에 나옵니다. 따라서 빈칸에 들어갈 알맞은 말은 '왜냐하면'입니다.

④ **중요한 정보 파악하기** (1) 글의 첫째 문장에 달은 '모양'에 따라 초승달, 상현달, 보름달, 하현달, 그믐달이라고 부른다는 내용이 나옵니다.

(2) '초승달'은 오른쪽 면이 눈썹 모양처럼 보이고, '상현달'은 오른쪽 면이 보이는 반달 형태입니다. '보름달'은 완전히 둥근 모양이고, 왼쪽 면이 보이는 반달은 '하현달'입니다. 초승달처럼 눈썹 모양이지만 왼쪽 면이 보일 때 사람들은 그것을 '그믐달'이라고 부릅니다.

⑤ **긴 지문 파악하기** (1) 글의 제목이 '돼지에 관한 오해와 진실'이므로 돼지에 관해 설명하는 글이고, 돼지에 관한 오해를 풀어 주는 내용이 전개될 것이라고 예상할 수 있습니다. 사람들이 돼지 같다는 말을 듣기 싫어한다는 내용이 첫째 단락에 나오기는 하지만, 이것만으로 '사람들이 가장 싫어하는 동물은 돼지'라고 말할 수 없

습니다.

(2) 글의 셋째 단락을 보면 돼지가 진흙탕 속에 뒹구는 가장 큰 이유는 '체온을 낮추기 위해서'라고 나옵니다. 다른 동물들과는 달리 돼지는 제대로 땀을 흘리지 못하기 때문에 체온을 조절하기 위해 진흙탕에 뒹군다고 설명하고 있습니다.

(3) 머리가 나쁘고 게으르다는 이야기를 돼지가 들으면 억울해할 거라는 내용 뒤에, 돼지가 왜 억울하게 느낄지 이유를 설명하고 있습니다. 따라서 빈칸 ㉠에 들어갈 알맞은 말은 '왜냐하면'입니다.

(4) 먹을 게 부족한 상황이 아니면 돼지는 자기가 먹을 만큼만 먹고 더 욕심을 부리지 않습니다. 그리고 돼지는 개보다 아이큐가 높습니다. 또한 돼지는 원래 깨끗한 환경을 좋아하며, 넓은 곳에 있으면 부지런히 움직이며 활동하는 동물이라고 글에서 설명하고 있습니다.

독해기술 07 적용하기

37쪽

1 (1) ③   (2) ①, ③

① **글 속 정보 적용하기** (1) 석캐 껍데기는 언뜻 비듬처럼 보이지만 머리카락에 딱 달라붙어 있어서 털어도 떨어지지 않는다고 첫째 단락의 마지막 문장에 나옵니다.

(2) 머릿니가 있으면 두피가 무척 가렵습니다. 이때 심하게 긁으면 피가 날 수 있으므로 되도록 긁지 말고 병원에 가서 약을 바르라고 말하고 있습니다. 또 빗살이 촘촘하게 박힌 참빗으로 머리를 빗는 것이 좋다고 합니다. 머릿니는 쉽게 옮기 때문에 가족끼리도 수건을 따로 쓰고, 베갯잇과 담요도 따로 빨라고 나옵니다. 이러

한 정보를 기준으로 고르면 ①, ③이 답입니다. ④도 답이 될 것 같지만, 글에 나오지 않는 내용이므로 답으로 알맞지 않습니다.

독해기술 08 요약하기

39~41쪽

> 1 사물인터넷, 인터넷, 정보, 무인 자동차
> 2 (1) (볏단을 등에 짊어진) 동생
>   (2) ① ○ ② ○ ③ × ④ ×
>   (3) ㉡, ㉣, ㉢, ㉠

1 핵심 낱말, 중요 정보 찾기 글을 요약할 때는 글의 핵심 낱말과 함께 중요한 정보를 찾아내는 능력이 필요합니다. 사물인터넷이 무엇이며 그 기술이 어디에 활용되고 있는지 소개하는 글이므로 그 기준으로 중요한 낱말과 정보를 표시해 두세요.

2 사건 순서 파악하기 (1) 구름이 걷히고 달이 나와 달빛이 비치자 '동생의 얼굴'이 드러났습니다. 이것으로 보아 글의 밑줄 친 수상한 검은 그림자는 동생입니다.
(2) 형은 결혼한 지 얼마 안 된 동생을 위해서, 동생은 가족이 많은 형을 걱정해 각자의 볏단 한 묶음을 상대방의 논에 가져다 놓았습니다. 그것도 상대방이 알면 거절할까 봐 밤에 몰래 했습니다. 이것으로 보아 형제는 서로의 형편을 먼저 생각할 정도로 사이가 좋고, 그 선행을 상대방이 알아주기를 원하지 않았다는 것을 알 수 있습니다.
(3) 흐름이 있는 이야기를 요약할 때는 발생한 일의 순서를 잘 정리해 두어야 합니다. 가을에 추수를 끝내고 형제는 각자의 논에 볏단을 쌓아 두었는데, 형은 갓 결혼한 동생을 생각해서 자기 볏단 한 묶음을 동생의 논에 가져다 놓았습니다. 그런데 이튿날 확인해 보니 볏단이 줄어 있지 않아서 그날 밤 또 옮겨 놓았으나 볏단 수는 그대로였습니다. 삼 일째 되던 날에도 형은 동생 몰래 볏단 한 묶음을 옮겨 놓으려고 했는데, 형의 논에 볏단을 놓으려고 오는 동생과 마주치게 되었습니다. 형제는 서로를 위하는 마음에 상대방에게 말하지 않고 몰래 볏단을 한 묶음씩 옮기고 있었던 것입니다.

독해기술 09 추론하기

43쪽

> 1 (1) 가시덤불   (2) ②   (3) ②

1 원인과 벌어질 일 추론하기 (1) 여우는 포도를 따 먹으려고 노력했지만 '가시덤불' 때문에 포도나무 가까이 갈 수 없어서 계속 실패했습니다.
(2) 여우는 포도가 먹고 싶어서 굉장히 노력했으나 번번이 실패하자 결국 포기했습니다. 그런데 너무나 먹고 싶은 포도였는데 포기해야 하니 얼마나 아까웠을까요! 그래서 여우는 포도를 포기할 수밖에 없는 그럴듯한 이유를 찾아내서 포도를 먹지 못하는 아쉬운 마음을 달랩니다. 결국 '포도를 포기하는 것에 대한 핑계를 대는' 말임을 추측할 수 있습니다.
(3) 여우가 중얼거린 말을 보면 여우는 포도 먹는 것을 포기했다고 볼 수 있습니다. 그러므로 여우는 포도 먹기를 포기하고 자리를 떠났다고 하는 ②가 알맞은 답이라고 짐작할 수 있습니다.

실전! 독해 테스트

[1~3] 44~45쪽

1 해설 참조
2 ③
3 ②

① 내용 파악하기 각종 생활 쓰레기를 분리배출하는 방법에 관해 설명한 부분을 꼼꼼하게 읽어 봅시다.

(1) 생선 뼈 •　　　•(ㄱ) 깨끗이 씻어서 배출
(2) 부탄가스 용기 •　　　•(ㄴ) 종량제 봉투에 담아 배출
(3) 알루미늄 캔 •　　　•(ㄷ) 구멍을 뚫어서 배출

② 내용 파악하기 첫 번째 단락에 통조림 캔은 철로 만들어진 제품이므로 깨끗이 씻어 수거함에 버리라는 내용이 나옵니다.

③ 주제 이해하기 이 글은 집에서 나오는 각종 생활 쓰레기를 어떻게 분리 배출해야 하는지에 관해 설명하고 있습니다.

[4~5] 45~46쪽

4 짜장면 박물관
5 해설 참조

④ 가리키는 말 알기 글의 밑줄 친 이곳이 가리키는 것은 앞에 나오는 '짜장면 박물관'입니다.

⑤ 요약하기 중요한 정보를 한눈에 보이게 표에 잘 정리하면 글을 이해하는 데 큰 도움이 됩니다.

짜장면 박물관	시작	(공화춘)이라는 이름으로 문을 엶	
	용도	(1912)년	• 중국인이 연 중화요릿집 • (무역상들)에게 숙식 제공
		~1980년대	맛있는 중국음식점으로 유명했음
		(2012)년~	(짜장면 박물관)으로 활용 – (짜장면)의 역사에 관해 배울 수 있음

[6~8] 47~48쪽

6 애지중지
7 ②
8 ④

⑥ 낱말 이해하기 '몹시 아끼고 사랑해서 소중히 대하는 모양을 나타내는 말'에 해당하는 낱말이 무엇일지 생각하면서 글을 읽어 봅시다. 첫째 단락의 마지막에 '농부는 황금알을 낳는 거위를 몹시 아껴서 가장 맛있고 신선한 모이를 주고 따뜻한 잠자리를 마련해 주며 애지중지 키웠습니다'라는 문장이 나옵니다. '몹시 아껴서 가장 맛있고 신선한 모이를 주고 따뜻한 잠자리를 마련해 주며'가 '애지중지 키웠다'의 예임을 알 수 있습니다. 따라서 '애지중지'라는 낱말이 몹시 아끼고 사랑해서 소중히 대하는 모양을 나타내는 말이라고 추측할 수 있습니다.

⑦ 주제 이해하기 욕심을 부리지 않았다면 농부는 매일 황금알을 얻을 수 있었을 텐데 잘못된 욕심을 부려서 황금알을 낳는 거위를 죽이고 말았습니다. 농부의 이야기를 통해 '지나치게 욕심을 부리면 중요한 것을 잃게 된다'는 교훈을 얻을 수 있습니다.

8 추론하기 농부는 황금알을 하루에 하나씩 얻는 것보다 한꺼번에 다 갖고 싶었습니다. 그래서 거위 뱃속에 황금알이 잔뜩 있는지 없는지도 모르는데 그냥 거위를 죽였습니다. 이것을 보아 농부는 욕심이 많다는 것과 잘못된 욕심이 얼마나 사람을 어리석게 만드는지를 알 수 있습니다.

[9~13] 49~51쪽

9 ③
10 물, 물통, 머리
11 ②
12 (1) ○ (2) × (3) × (4) ○
13 히포 롤러, 90, 자외선, 온도, 유지, 물통, 척추

9 글감 파악하기 이 글은 '히포 롤러'에 관해 설명하는 글입니다. 히포 롤러가 무엇이며 어디에 사용되고 어떤 장점이 있는지 알려 주고 있습니다.

10 원인과 결과 알기 물을 공급할 수 있는 설비가 제대로 갖추어지지 않은 아프리카 여러 나라의 시골에서는 '물'을 구하기 위해 사람들이 먼 거리까지 이동해서 '물통'에 무거운 물을 담아 '머리'에 이고 다녀야 합니다. 매일 이런 상황이 반복되다 보니 키가 잘 자라지 않는 아이들이 생겼고, 척추에 문제가 생기는 사람들이 많아졌습니다. 히포 롤러는 이러한 문제를 해결하기 위해 개발된 제품입니다.

11 적용하기 히포 롤러의 장점 중 하나는 아이라고 해도 물통을 손잡이로 쉽게 밀거나 당겨서 굴릴 수 있다는 점입니다. 물통이 바퀴처럼 '둥글기' 때문에 굴릴 수 있는 것이므로 '물건의 밑바닥에 바퀴를 단다'라는 ②가

히포 롤러의 장점을 제대로 적용한 것이라 할 수 있습니다.

12 내용 파악하기 히포 롤러는 한 번에 많은 물을 담을 수 있는 물통으로, 손잡이로 손쉽게 물통을 밀고 당길 수 있습니다. 자외선을 막기 때문에 물통 속 물의 온도가 일정하게 유지된다는 장점도 있습니다. 물통 자체도 튼튼하게 만들어져 있고, 제품 수명도 5~7년 정도로 긴 편입니다.

13 요약하기 히포 롤러에 관한 중요한 정보를 잘 정리했는지 다시 한번 확인할 수 있는 문제입니다. 히포 롤러는 영어로 '하마 굴림통'이라는 뜻의 제품으로, 약 90ℓ까지 물을 담을 수 있는 물통입니다. 굴리기 쉽고 통이 튼튼하며 자외선을 막아서 물의 온도를 일정하게 유지하고, 제품 수명이 긴 것이 장점입니다. 이 제품의 개발로 예전에 물이 든 무거운 물통을 머리에 이고 먼 거리를 다녀야 했던 사람들의 어려움이 해결되었습니다.

[14~20] 52~55쪽

14 치즈 (한 덩이)
15 ④
16 노랫소리
17 ③
18 ①
19 여우: ⓒ, ⓒ / 까마귀: ㉠, ㉣
20 ㉣, ㉠, ⓒ, ⓒ

14 가리키는 말 알기 ㉠저건과 ㉣이거 앞에 공통으로 나오는 것은 바로 '치즈 (한 덩이)'입니다. 가리키는 말 대신 '치즈'를 넣었을 때 문장의 연결이 매끄럽습니다.

15 추론하기 밑줄 친 ⓛ 앞에 나오는 "털이 까매서 못생겼다고, 그리고 목소리도 너무 크고 시끄럽다고 늘 다른 새들에게 놀림만 받던 까마귀였다"에서, 까마귀가 예쁘다는 칭찬을 전에 들어 본 적이 없었기 때문에 자신의 외모를 칭찬해 주는 여우의 말을 믿기 힘들어 했음을 알 수 있습니다. 이후에 나오는 "태어나서 처음으로 자기를 예쁘다고 칭찬해 준 여우를 위해~"에서도 답을 알아챌 수 있습니다.

16 내용 파악하기 까마귀가 이해한 여우가 원하는 것은 바로 앞에 나온 여우의 말에서 알 수 있습니다. "예쁜 모습만큼이나 까마귀님의 목소리도 아름답겠죠? 까마귀님의 노랫소리를 한 번만이라도 들을 수 있다면 얼마나 좋을까요!"

17 원인과 결과 알기 여우는 까마귀가 물고 있던 치즈를 뺏고 싶었습니다. 치즈를 얻으려면 까마귀가 부리를 열게끔 해야 했지요. 그래서 노래를 불러 달라는 자신의 요청을 까마귀가 의심 없이 받아들이게 만들려고 여우가 열심히 까마귀를 칭찬했음을 알 수 있습니다.

18 추론하기 치즈를 빼앗으려는 목적을 이룬 여우가 어떤 말을 했을지 생각해 봅시다. 진짜 칭찬인지 아닌지 제대로 생각도 안 하고 우쭐해져서 치즈를 물고 있던 부리를 연 까마귀가 여우 눈에는 얼마나 어리석어 보였을까요! 글의 흐름상 까마귀를 비웃는 말을 했을 것입니다. 따라서 ①이 가장 알맞습니다.

19 추론하기 글을 봤을 때 여우는 자기가 원하는 것을 얻기 위해 '꾀를 낼 줄 아는' 굉장히 '약삭빠른' 동물이라고 추측할 수 있습니다. 반면, 까마귀는 '남의 말을 잘

믿고', 상대방이 왜 자기를 그렇게 칭찬하는지 생각도 안 하고 상대방이 원하는 대로 행동한 '어리석은' 동물입니다.

20 요약하기 사건이 일어난 순서를 잘 알아야 올바르게 답을 쓸 수 있습니다. '치즈를 물고 있는 까마귀의 모습'을 보여 주면서 이야기가 시작됩니다. 그 후에 '여우가 등장해서 까마귀의 치즈를 뺏고자 꾀를 생각해 내는 모습'이 그려집니다. 여우는 계속 까마귀를 칭찬했고, '자기를 칭찬해 주는 여우에게 고마움을 느낀 까마귀가 여우의 요청을 들어주는 장면'이 나옵니다. 자기가 계획한 대로 '치즈를 얻어낸 여우가 까마귀를 놀리면서 떠나가는 모습'이 이야기의 마지막 장면입니다.

무엇을 읽을까

1과 재미있는 글

그림 보고 예상하기　　　　　　　　　59쪽

> 1. (1) (ㄴ) (2) (ㄱ)
> 2. (1) (ㄱ) (2) (ㄱ)
> 3. (1) (ㄴ) (2) (ㄱ)

60~61쪽

01
> 1 ①　　2 ①　　3 ③
> 4 (1) ○ (2) × (3) × (4) ×

1 원인과 결과 알기 아버지가 하인에게 재산을 물려준 이유는 스승의 말에서 알 수 있습니다. "아버지는 하인이 자신의 죽음을 자네에게 알리지 않고 재산을 가로챌 수도 있다고 생각했던 걸세."

2 추론하기 "하인의 재산은 누구의 것인가? 모두 주인의 것이 아닌가? 자네 아버지는 자네가 원하는 것 하나를 가지라고 하지 않았는가?"에서 스승이 아들에게 어떤 조언을 했을지 추측할 수 있습니다. 재산을 물려받은 하인을 선택하면 아들은 아버지의 재산을 되찾을 수 있습니다.

3 추론하기 주인의 재산을 자기가 다 가질 수 있을 것이라고 생각했는데 결국은 재산을 가질 수 없게 되었기 때문에 아쉬워했을 것으로 추측할 수 있습니다.

4 내용 파악 아버지는 아들이 재산을 잘 물려받기를 원했기에 꾀를 냈습니다. 하인을 통해 아버지의 유서를 전달받은 아들은 처음에 그 뜻을 이해하지 못해서 스승에게 찾아갔고, 스승은 아버지의 뜻을 파악해서 아들이

재산을 제대로 물려받을 수 있게 도와주었습니다. 아버지의 지혜로 재산을 물려받은 아들은 하인에게 재산을 나누어 주고 자유도 주었습니다.

62~63쪽

02
> 1 ③
> 2 담쟁이덩굴의 마지막 잎이 떨어지
> 3 ④　　4 잎, 그려

1 내용 파악 "저 담쟁이덩굴의 마지막 잎이 떨어지면 나도 이 세상을 떠나겠지.", "저게 마지막 잎새야. 아직은 남아 있네. 하지만 오늘 중에 떨어지겠지? 그럼 나도 죽는 거야."라는 말에서 존지가 담쟁이덩굴의 이파리를 세고 있었던 이유를 알 수 있습니다. 존지는 병에 걸린 자기 처지가 떨어지는 담쟁이덩굴의 이파리와 비슷하다고 여긴 것입니다.

2 내용 파악 밑줄 친 그런 말도 안 되는 생각은 담쟁이덩굴의 마지막 잎이 떨어지면 자신도 죽을 거라는 존지의 생각입니다.

3 추론하기 담쟁이덩굴의 마지막 잎이 밤새 심한 비바람에도 떨어지지 않는 것을 보고 자기도 살 수 있다는 희망을 얻은 것이 존지가 건강을 회복하게 된 가장 큰 이유일 것입니다.

4 추론하기 수의 말 "베어만 아저씨가 얼마 전에 돌아가셨대. 비가 심하게 내린 날 밤에 그림을 그리러 나갔다 집에 돌아온 후 폐렴에 걸려서"에서 베어만 아저씨가 존지에게 살 희망을 주기 위해서 담쟁이덩굴의 마지

막 '잎'을 '그렸다'는 것을 추측할 수 있습니다.

는 좋아했으나 나중에는 음식과 물까지 황금으로 변해 전혀 먹지 못하게 되자 자신의 능력이 사라지게 해 달라고 빌었습니다.

64~65쪽

03
1 ④
2 ③
3 ④
4 ㉢, ㉠, ㉣, ㉡

1 내용 파악 만지는 것마다 황금으로 변해서 미다스 왕은 처음에는 행복했습니다. 그러나 물며 모든 음식이 다 황금으로 변해서 아무것도 먹을 수 없게 되자 나중에는 행복하지 않았습니다.

2 내용 파악 '모든 것을 황금으로 바꾸는 손이 오히려 재앙이 된 것입니다'라는 문장은 부정적인 문제가 발생하기 시작했다는 내용 뒤에 들어가야 합니다. 따라서 ㉢ 자리가 가장 알맞습니다.

3 추론하기 미다스 왕은 금은보화를 가진 부자였는데도 신에게 세상의 모든 황금을 갖고 싶다는 소원을 올릴 정도였습니다. 이를 볼 때 미다스 왕은 욕심이 많고 금과 돈을 좋아하는 사람이었음을 알 수 있습니다. 그래서 만지는 것마다 금이 되었을 때 무척 기뻐했지만, 그 능력 때문에 자기가 얼마나 불행해질지는 전혀 생각하지 못했던 어리석은 사람이기도 했습니다. 이런 미다스 왕은 소박한 것과는 거리가 멀다는 것을 짐작할 수 있습니다.

4 요약하기 미다스 왕은 잔치를 여는 도중 신인 디오니소스의 스승을 극진히 대접해 주었습니다. 디오니소스는 스승을 대접한 미다스 왕의 소원을 들어주었습니다. 미다스 왕은 만지는 모든 것이 황금으로 변하자 처음에

66~68쪽

04
도전! 긴 지문 읽기
1 ㉠ 마음, 착한 ㉡ 재단사들 ㉢ 신하들
2 ②
3 (1) ○ (2) × (3) ○ (4) ×
4 ②
5 ①

1 가리키는 말 알기
㉠: 앞에 나오는 문장 "이 옷감은 마음이 착한 사람에게만 보이는 신비한 옷감이랍니다."를 가리킵니다.
㉡: ㉡ 앞에 나오는 사람들은 '재단사들'입니다. 그들은 임금님에게 옷을 입혀 주는 시늉을 했습니다.
㉢: 멋진 옷이라고 거짓말을 한 사람들은 임금님의 '신하들'입니다.

2 추론하기 착한 사람 눈에는 보이는 옷인데 옷이 안 보인다고 하면 다른 사람들이 자신을 나쁜 사람으로 생각할까 봐 걱정해서 거짓말을 한 것으로 추측할 수 있습니다.

3 내용 파악 임금님은 백성들에게 관심이 없고 오직 자기 자신을 꾸미는 데만 관심이 있었기 때문에 세상에서 가장 옷을 잘 만든다는 재단사들이 오자 자기가 멋져 보이고 싶어서 그들에게 옷을 만들어 달라고 부탁했습니다. 착한 사람 눈에만 보이는 옷을 만들었다는 재단사들의 말에 임금님이나 주변 신하들은 보이지도 않는 옷을 정말 멋지다고 칭찬하며 보이는 척했습니다. 임금님은 백성들이 새 옷을 입은 자기를 멋지다고 칭찬해

주길 바라서 거리로 나가 행진을 했습니다.

④ **내용 파악** ㉣진실이 가리키는 것은 '임금님이 아무런 옷을 입지 않았다'는 사실입니다.

⑤ **추론하기** 임금님은 백성들을 돌보지 않고 자신을 꾸미는 데만 관심을 갖는 사람이라는 것이 첫째 단락에 나와 있습니다. 게다가 옷이 눈에 보이지 않는데도 남들이 자기를 나쁜 마음을 가진 사람이라고 생각할까 봐 두려워서 보인다고 거짓말도 하는, 즉 정직하지 않은 성격이라는 것을 알 수 있습니다. 또한 자기의 새 옷을 자랑하고 싶어서 거리 행진까지 하는 모습을 보면 자기 자랑을 하기 좋아하는 사람이라는 것도 알 수 있습니다.

69쪽

나만의 이야기 만들기 예시 답

등장인물: 공주, 왕자, 해적

배경: 옛날, 해상왕국

발생한 사건: 해적이 왕자를 납치함

- - - - - - - - - - - - - - - - - - - -

제목: 왕자를 구한 공주

옛날 어느 바닷가에 세워진 왕국에 활발한 성격의 공주님이 있었어요. 공주님은 이웃 나라의 멋진 왕자님과 두 달 뒤에 결혼하기로 약속한 사이였답니다. 하루는 공주님과 왕자님이 배를 타고 바다로 놀러 갔어요. 둘은 배에서 노래를 부르고 춤을 추며 즐거운 시간을 보내고 있었어요. 그런데 저 멀리 해적선이 보였어요! 놀란 선장은 얼른 배를 돌려 도망치려 했지만, 해적선은 빠르게 다가왔고, 해적들이 공주님과 왕자님이 탄 배로 우르르 뛰어내렸어요! 공주님과 왕자님은 너무 놀라 서로 꼭 껴안았습니다. "아무도 움직이지 마!" 해적들은 크게 소리 지르며 배 안에 있던 맛있는 음식들과 보물, 그리고 왕자님을 데려갔어요. 왕자님을 돌려받고 싶으면 많은 금을 가져오라는 말을 남기고 해적선은 멀어졌습니다. 궁에 돌아온 공주님은 왕자님이 걱정되어 자꾸 눈물이 났어요. 기다리기만 할 수 없어서, 공주님은 금을 가득 실은 배를 타고 왕자님을 데려간 해적선을 찾아 나섰습니다. 어두운 밤, 공주님은 해적선을 발견했어요. 해적선 근처로 공주님이 탄 배가 조용히 다가갔습니다. 조용히 해적선 위로 공주님과 병사들이 올라갔어요. 주위를 둘러보니 해적들은 즐거나 코를 골며 자고 있었습니다. '다행이다!' 공주님과 병사들은 조용히 왕자님이 갇힌 방을 찾아다녔습니다. 마침내 왕자님을 찾아낸 공주님은 왕자님과 함께 몰래 해적선을 빠져나와 배를 타고 도망쳤습니다. "공주, 당신은 나의 은인이에요! 난 용감한 당신을 더 사랑하게 된 것 같아요." 왕자님은 그렇게 말하며 공주님에게 입을 맞추었답니다.

2과 바람직한 인성

배경지식 확인하기 71쪽

1. (ㄱ) 2. (ㄴ) 3. (ㄴ)

72~73쪽

01

| 1 ② | 2 해설 참조 |
| 3 해설 참조 | 4 ② |

① 내용 파악 수민이가 연기를 더 잘하는데 지수가 고집을 부려 수민이의 배역을 빼앗았다고 수군거리는 친구들의 말을 듣고, 지수는 수민이에게 불편함을 느끼게 되었습니다.

② 가리키는 말 알기
㉠그때의 상황: 두 가지로 정리할 수 있습니다. 하나는 '2학년 학예회 연극 때 지수가 주인공을 맡은 것을 두고 친구들이 오해한 상황', 다른 하나는 '2학년 학예회 연극의 주인공 배역을 두고 친구들이 오해를 하여 지수가 수민이에게 서운한 마음을 갖게 된 상황'입니다. 둘 중 하나를 답으로 쓰면 됩니다.
㉡그렇겠다: 주인공 역을 꼭 하고 싶겠다

③ 내용 파악 '이상한 오해'란 첫째 단락에서 친구들이 수군거린 내용입니다. 친구들은 '수민이가 연기를 더 잘하는데 지수가 고집을 부려 수민이의 배역을 빼앗았다'고 했습니다.

⑤ 적용하기 지수와 수민의 이야기를 통해 친구 사이에서 서운한 일이 생겼을 때는 혼자 끙끙 앓지 말고 솔직하게 서로 대화를 나누는 것이 중요하다는 것을 알 수 있습니다. 이 주제에 맞게 행동한 것은 ② '상엽'입니다.

74~75쪽

02

| 1 ④ | 2 장애, 결승선, 일등 |
| 3 ② | 4 ① |

① 가리키는 말 알기 ㉠그런 사정이 무엇을 가리키는지는 바로 앞에 설명되어 있습니다. 장애를 가진 6학년 학생은 매년 운동회 날에 달리기 경기에서 늘 꼴찌를 했기 때문에 상처를 많이 받았다는 내용이 나옵니다.

② 내용 파악 밑줄 친 ㉡의 뒷부분을 읽으면, 네 명의 친구들이 '장애'를 가진 친구의 손을 잡고는 함께 달려 나란히 '결승선'을 끊으면서 꼴찌가 없이 모두가 '일등'을 했다는 내용이 나옵니다.

③ 추론하기 장애가 있는 친구는 달리기 경기에서 항상 꼴찌였기 때문에 경기 시작 전에는 또 꼴찌일 거라 생각하고 '슬픈' 상태였을 것입니다. 그러다가 친구들이 자신에게 뛰어오는 것을 보고 이유를 몰라 당황하고 깜짝 '놀랐을' 것입니다. 마지막으로 친구들의 손을 잡고 함께 결승선을 끊으며 다 같이 일등을 하게 되었을 때는 친구들의 우정에 무척 '기쁘고' 감격해서 눈물을 터트렸을 것입니다.

④ 주제 이해 장애가 있는 친구를 배려하는 친구들의 따뜻한 마음과 우정을 엿볼 수 있는 글입니다.

76~77쪽

03

| 1 ③ | 2 ② |
| 3 ③ | 4 ① |

① 내용 파악 희야 언니가 처음 피아노를 칠 때 손으로 피아노 건반을 눌러 땡땡 소리를 내는 데도 3개월이나 걸렸다고 합니다.

② 원인과 결과 알기 "음악을 통해 지친 사람들을 위로하고 희망을 주는 것이 저의 사명이라고 믿습니다."라는 말에서 희야 언니가 열심히 피아노를 연습해서 연주하는 이유가 무엇인지 알 수 있습니다.

③ 추론하기 뇌 기능 장애가 있고 손가락은 네 개밖에 없으며 다리도 무릎 아래가 없지만, 희야 언니는 자신을 불쌍히 여기고 불평하거나 슬퍼하면서 사는 것이 아니라 자기가 가진 것에 감사하며 살아갑니다. 그리고 장애가 있는데도 열심히 피아노를 치면서 음악으로 사람들을 위로하고 희망을 주려고 노력합니다. 이런 모습을 볼 때 희야 언니는 따뜻하고 밝으며, 긍정적이고 부지런하여 쉽게 포기하지 않는 성격의 사람임을 추측할 수 있습니다.

④ 주제 이해 글의 첫째 단락과 마지막 단락을 통해 글의 주제를 알 수 있습니다. 가지지 못한 것만 생각하며 시간을 낭비하거나 슬퍼하지 말고 가진 것에 감사하며 열심히 살아야겠다는 것이 바로 이 글의 주제입니다.

78~79쪽

04
1 ④　　　　2 ⓛ, ㉢, ㉠, ㉢
3 (1) ○ (2) × (3) × (4) ○
4 **나누, 행복**

① 내용 파악 구세군은 1865년 영국의 부스 목사[**구세군을 만든 사람**]가 런던 빈민 지구에서 만든 기구로, 지금은 전 세계에서 어려운 이웃을 돕는 단체입니다[**구세군의 역할**]. 구세군에서 일하던 조셉 맥피는 어려운 이웃을 돕기 위해 큰 쇠솥을 들고 거리에 나가 모금 활동을 했는데 이것이 바로 구세군 자선냄비의 시작이었습니다[**구세군 자선냄비의 유래**].

② 내용 파악 1891년 성탄절에 가난하고 배고픈 사람들이 교회에 모이자 그들에게 음식을 대접할 방법을 고민하던 조셉 맥피가 옛날 영국에서 가난한 사람들을 돕기 위해 음식이나 돈을 모으는 용도로 설치했던 '심슨의 솥'에서 아이디어를 얻어 돈을 모으기 위해 큰 쇠솥을 들고 거리로 나갔습니다. 가난한 사람들을 돕기 위해 사람들이 낸 돈이 솥 안에 쌓인 덕분에 조셉 맥피는 교회에 모인 사람들에게 따뜻한 음식을 대접할 수 있었습니다.

③ 내용 파악 구세군은 1865년 영국의 부스 목사가 런던 빈민지구에서 만든 기구입니다. 1891년 성탄절, 심슨의 솥을 떠올려 자선냄비를 만들었습니다. 조셉 머피가 거리에 들고 나간 솥에는 음식이 아닌 돈이 쌓였습니다.

④ 주제 이해 글의 마지막 단락에 "~ 작더라도 서로 나누면 더 행복한 사회를 만들 수 있을 것입니다"라고 나옵니다. 이것을 통해 "사랑은 나눌수록 커진다"라는 말의 뜻이 가진 것이 작더라도 모두가 조금씩 '나누면' 더 많은 사람이 '행복해진다'라고 이해할 수 있습니다.

05 도전! 긴 지문 읽기	1 ③	2 ②	3 ④
	4 ④	5 ③	6 ③
	7 **이웃사촌**		

1 내용 파악 김씨 아저씨는 시골의 노인분들을 위해 경운기로 무거운 짐도 실어다 주고 밭도 같이 갈고 거름도 주고 잡초도 뽑아 주었습니다. 또 고추를 말릴 때도 같이 널어 주었습니다. 명절에 음식을 만들어 나눠 주는 것은 김씨 아저씨가 아니라 글쓴이의 외할머니가 김씨 아저씨에게 고마운 마음을 표현하고자 한 일입니다.

2 추론하기 어려울 때마다 챙겨 주고 매번 일을 도와주니 미안하면서도 고맙고, 또 믿고 기댈 수 있는 자식 같아 든든한 마음일 것입니다.

3 가리키는 말 알기 ㉠~㉢은 '김씨 아저씨'를 가리키고 ㉣은 글쓴이의 어머니를 가리킵니다.

4 주제 이해 시골에 사는 나이든 노인들을 따뜻하게 도와주는 김씨 아저씨 이야기와 글의 마지막 부분 "나도 할머니께 자주 전화 드리고 이웃에게도 관심을 가져야겠다고 생각했다"에서 이웃들에게 관심을 가지면서 어려운 일이 있을 때 서로 돕고 살아야겠다는 것이 글의 주제임을 알 수 있습니다.

5 내용 파악 가족이 아니지만, 관심을 주고 어려울 때 도와주는 이웃이 가족보다 더 가까울 수도 있음을 보여 주는 글이므로 답은 ③ '가족보다 가까운 이웃'입니다.

6 추론하기 "나와 엄마는 외할머니를 따라나섰다", "나도 할머니께 자주 전화 드리고 이웃에게도 관심을 가져야겠다고 생각했다"로 미루어 볼 때, 글에서 이야기를 전하고 있는 사람은 '손자 혹은 손녀'라고 할 수 있습니다.

7 낱말 이해 이 글은 "얼마 전에 '이웃사촌'이라는 말이 어떤 뜻인지 깨닫게 되었다"라는 문장으로 시작하면서 '이웃사촌'의 말뜻을 알게 된 글쓴이의 경험이 담겨 있습니다. 전체적인 글의 내용을 통해 주어진 낱말 뜻이 '이웃사촌'에 관한 설명이라는 것을 알 수 있습니다.

나만의 이야기 만들기 예시 답

1. (나)

이유: 말을 안 하면 오해가 더 쌓일 것 같고, 다른 친구를 통해 전하면 내가 원래 하고 싶었던 말이 제대로 전달되지 않을 것 같아서.

2. (다)

이유: 나에게 여러 단점이 있겠지만, 못하는 거나 단점만 생각하면 더 부정직으로 될 것이다. 그러므로 긍정적으로 생각하고 나의 장점을 계속 기억하면서 당당해져야 한다고 생각한다.

3과 멋있는 인물

배경지식 확인하기   85쪽

> 1. 장영실 2. 방정환 3. 우륵

88~89쪽

④ 적용하기 남녀를 떠나 모든 사람이 평등하게 꿈꾸고 목표를 세울 수 기회를 얻어야 한다고 말하는 ② '준호'가 글의 주제를 제대로 이해하고 있습니다.

86~87쪽

01	1 ③	2 ④
	3 ②	4 ②

① 내용 파악 캐서린 스위처는 마라톤에 출전하려고 열심히 훈련했습니다. 실제 마라톤 대회가 열린 날, 감독관이 그녀를 막았지만, 남자친구와 코치의 도움으로 캐서린 스위처는 마라톤을 완주했습니다. 이를 보면 남자친구는 그녀가 마라톤을 하는 것을 지지했다는 것을 알 수 있습니다. 캐서린 스위처의 도전을 시작으로 뉴욕 마라톤부터 여성 참가가 허용되었습니다. 따라서 ③이 잘못된 보기입니다.

② 추론하기 그 당시 여자는 마라톤을 뛸 수 없다는 편견에도 불구하고 캐서린 스위처는 포기하지 않고 노력해서 결국은 남자 참가들과 똑같이 마라톤을 완주해 냈습니다. 이를 통해 캐서린 스위처가 목표가 분명하고 끈기 있는 사람이었다는 것을 알 수 있습니다.

③ 주제 이해 캐서린 스위처는 마라톤을 완주함으로써 '여자도 뛸 수 있다'는 것을 몸소 증명해 보였습니다. 캐서린 스위처의 예를 통해 이 글은 여자라서 안 된다는 편견은 사라져야 한다, 즉 성 평등에 관해 이야기하고 있습니다.

02	1 화석	2 ②
	3 절벽, 화석	4 ③

① 내용 파악 매리 애닝은 평생 '화석'을 찾고 화석을 연구했습니다.

② 내용 파악 매리 애닝은 취미가 아니라 집이 가난해서 어린 시절부터 돈을 벌어 집을 돕기 위해 매일 바닷가에 나가 신기한 돌을 찾아서 팔았습니다. 매리는 바닷가 절벽에서 커다란 어룡처럼 보이는 화석을 발견했고, 이후로도 중요한 화석을 많이 발견했습니다.

③ 가리키는 말 알기 밑줄 친 그것은 앞에 나오는 '절벽 안의 화석'을 가리킵니다.

④ 추론하기 글을 보면, 매리 애닝은 새로운 것에 대해 호기심이 많았고, 한번 하려고 한 것은 포기하지 않았습니다. 또한 일에 몰두하고 꾸준함이 있는 사람이었다는 것을 엿볼 수 있습니다. 글의 마지막 부분 "비록 전문적인 공부를 하지는 못했지만 평생 화석을 찾아다니고 연구한 매리 애닝은 ~"을 보면 매리 애닝이 열심히 화석에 관해 공부했다는 것도 알 수 있습니다. 따라서 ③ '공부하는 것을 좋아하지 않았다'는 올바른 답이 아닙니다.

90~91쪽

03

1 ②　　2 (1) ○ (2) × (3) ○ (4) ○

3 존중

4 환경, 어린이날, 어린이, 아동잡지

1 글감 파악 이 글은 어린이날을 만들고 어린이들을 위해 평생 노력하신 '방정환 선생님'에 관한 글입니다.

2 내용 파악 옛날에 어른들은 어린이들을 낮추어 보곤 했습니다. 한국 최초의 아동잡지인 〈어린이〉를 출간한 방정환 선생님은 어린이가 잘 자랄 수 있는 환경을 마련하려고 어린이날을 만들었습니다. 원래 어린이날은 1923년 5월 1일이었으나 나중에 5월 5일로 바뀌었습니다.

3 추론하기 방정환 선생님은 아이들을 부르는 말에서부터 존중하는 마음을 담아야 한다고 생각했다는 내용이 나오는 다섯 단락을 통해, 어린이를 '존중하는 마음'으로 대했음을 추측할 수 있습니다.

4 요약하기 어린이를 아끼고 어린이가 잘 자랄 수 있는 '환경'을 마련하고자 만들어진 기념일인 '어린이날'은 한국 최초의 '아동잡지'를 만든 방정환 선생님이 처음 만들었습니다. 방정환 선생님은 어린 사람을 '어린이'라고 불러야 하고, 그들이 즐겁게 놀 수 있는 가정과 사회를 만들어야 한다고 주장했습니다.

92~93쪽

04

1 자격루(물시계), 앙부일구(해시계)

2 ③　　3 농사

4 (1) ○ (2) × (3) ○ (4) ○

1 내용 파악 글의 셋째 단락에 답이 나옵니다. 장영실은 여러 학자와 함께 물시계인 '자격루', 해시계인 '앙부일구'와 같은 천문 관측기구를 만들었습니다.

2 내용 파악 문장의 흐름을 보면, 세종대왕은 나라를 발전시키기 위해 신분과 관계없이 능력에 따라 인재를 쓰고자 했다는 앞 내용이 '원인'이 되어 천민 신분이었던 장영실이 벼슬을 받고 유학까지 갈 수 있었다는 '결과'가 나왔다는 것을 알 수 있습니다. 따라서 빈칸에 들어갈 알맞은 말은 '그래서'입니다.

3 원인과 결과 알기 셋째 단락에서 질문의 답을 찾을 수 있습니다. 농경사회였던 조선 시대에는 농사를 잘 짓기 위해 날씨나 계절의 변화를 잘 아는 것이 중요했기 때문에 다양한 천문 관측기구가 만들어졌습니다. 이러한 기구들은 백성들이 '농사'를 짓는 데 큰 도움을 주었습니다.

4 내용 파악 장영실에 관한 설명 중 잘못된 것은 (2)번 '혼자 연구해서 해시계인 앙부일구를 만들어 냈다'입니다. 장영실이 과학 분야에 탁월한 재능을 가졌던 것은 맞지만 자격루, 앙부일구와 같은 천문 관측기구를 혼자 만들지 않았고 여러 학자와 함께 만들었습니다.

94~96쪽

05 도전! 긴 지문 읽기

1 ④　　2 거문고, 가야금

3 (1) × (2) ○ (3) × (4) ○

4 ④　　5 흐름　　6 ①

① 가리키는 말 알기 ㉠여기서가 가리키는 것은 유명한 가야금 연주자인 우륵이 가야금을 타던 곳인 '(충주) 탄금대'입니다.

② 내용 파악 첫째 단락에 '가야금'과 '거문고'가 우리나라의 대표적인 전통 현악기라고 나옵니다.

③ 내용 파악 우륵은 탄금대에서 가야금을 연주하였고, 계고, 법지, 만덕이라는 제자를 가르쳤습니다. 중국 악기인 쟁을 본떠서 만들어진 가야금은 우륵이 만든 것이 아니라 가야국의 가실왕이 만든 것입니다. 우륵의 제자였던 계고, 법지, 만덕이 스승인 우륵이 만든 12곡을 5곡으로 고쳤습니다.

④ 내용 파악 "감히 스승님의 곡에 손을 대다니, 우리가 이래도 되는가?", "스승님이 평생 노력해서 완성하신 것인데 괜찮하다고 생각하지 않으실까?"에서 자신의 곡을 바꾼 것에 관해 우륵이 불쾌하게 여기지 않을까 걱정하는 제자들의 모습이 드러납니다.

⑤ 원인과 결과 알기 세월이 흘러 스승의 곡에서 시대적인 '흐름'과 맞지 않는 부분이 조금씩 생겨났기 때문에 우륵의 제자들은 스승의 곡을 고쳤습니다.

⑥ 적용하기 스승이라고 해서 자기 뜻을 따르라고 고집을 부리는 것이 아니라, 제자들의 능력을 인정하고 더 좋은 음악을 만들기 위해 기꺼이 자신의 것을 내려놓은 우륵의 넓고 겸손한 마음을 배울 필요가 있습니다.

나만의 이야기 만들기 예시 답

[캐서린 스위처] ●

[매리 애닝] ●

[방정환] ●

[장영실] ●

[우륵] ●

1. 방정환

2. 어린이날을 만들어 주셔서. 어린이날은 쉬는 날이기 때문에 학교에 가지 않아도 되고, 원하는 것을 부모님께 선물 받을 수 있고, 좋은 데 놀러 가거나 맛있는 곳에 가서 식사할 수 있어서.

3. 나는 방정환 선생님처럼 아이들을 존중하거나 아이들을 위해 무엇인가를 해야겠다는 생각을 하지 않았을 것 같다. 방정환 선생님은 훌륭하신 분이다. 나도 나중에 어른이 되면 어린이들이 더 행복하게 살 수 있게 도움을 주는 사람이 되고 싶다.

4과 생활과 문화

바람직한 습관 들이기   99쪽

> 스마트폰을 바르게 사용하고 있는 친구: 지아, 재진

100~101쪽

01
| 1 | 사물놀이 | 2 | 꽹과리, 징, 북, 장구 |
| 3 | 해설 참조 | 4 | ① |

1 글감 파악 이 글은 우리나라의 '사물놀이'에 관해 설명하고 있습니다.

2 내용 파악 사물이란 '꽹과리, 징, 북, 장구' 네 가지 악기를 말합니다.

3 내용 파악 마지막 단락에 '꽹과리는 천둥'을, '장구는 비'를, '북은 구름'을, '징은 바람'이라고 하여 사물의 소리를 자연이 조화를 이루는 것이라고 한다는 내용이 나옵니다.

(1) 꽹과리   (ㄱ) 바람
(2) 징   (ㄴ) 구름
(3) 장구   (ㄷ) 천둥
(4) 북   (ㄹ) 비

4 내용 파악 풍물놀이는 농사일을 마치고 마을 사람들이 밖에서 여러 개의 악기를 연주하며 함께 즐겼던 놀이이고, 사물놀이는 풍물놀이 악기에서 네 가지만을 뽑아 실내에서 하는 공연입니다. 사물놀이에서는 '둥글게 감는' 호흡과 움직임이 매우 중요한데, 둥글게 감는다는 것은 함께 서로 어울려 살아간다는 것을 의미합니다. 사물놀이의 대표적인 곡은 '비나리', '삼도 설장고

102~103쪽

02
| 1 | ④ | 2 | 해설 참조 |
| 3 | ③ | 4 | 해설 참조 |

1 주제 이해 이 글은 무더운 여름을 건강하게 보내기 위해 주의해야 할 점에 관해 말하고 있습니다.

3 가리키는 말 알기 ㉠이럴 때는 앞에 나오는 '에어컨 등을 오래 켜서 실내 온도가 내려가면 실내 온도와 바깥 온도 차이가 벌어질 때'를 말합니다. ㉡이것이 가리키는 것은 짧게는 '냉방병', 길게는 '실내와 바깥 온도의 차이가 벌어져 우리 몸이 잘 적응하지 못해서 감기, 두통 증세가 나타나거나 위에 탈이 나는 증상'입니다.

3 내용 파악 셋째 단락을 보면 냉방병을 예방하기 위한 방법이 나옵니다. 따뜻한 차나 물을 자주 마시는 게 좋고, 실내 온도를 25도 이하로 내려가지 않게 유지하며, 환기도 잘해야 합니다. 한편, 둘째 단락에서는 밖에 나가서 햇볕을 너무 오래 쬐면 피부에 화상을 입을 수도 있다는 내용이 나옵니다. 따라서 ③은 냉방병을 예방하는 방법으로 알맞다고 볼 수 없습니다.

4 내용 파악 여름철에 주의해야 할 점과 관련 있는 증상은 다음과 같습니다.

(1) 식중독   (ㄱ) 피부 화상
(2) 여름철 자외선   (ㄴ) 두통, 감기
(3) 냉방병   (ㄷ) 심한 설사

03	1 나비 축제	2 ②
	3 관광객, 농산물	4 ④

104~105쪽

①글감 파악 이 글은 함평 '나비 축제'에 관해 이야기하고 있습니다.

②내용 파악 원래 전라남도 함평은 산업이 발달하지 않고 관광자원도 부족하며 천연자원도 없는 지역이었습니다. 또한 젊은 사람들은 일자리를 찾아 도시로 떠났던 곳이었습니다. 처음에는 유채꽃 축제를 열려고 했으나 이미 다른 도시에서 열고 있었기 때문에 나비 축제를 열었습니다.

③원인과 결과 알기 나비 축제는 매년 더 많은 '관광객'이 찾는 큰 축제가 되었습니다. 또한 이 축제 덕에 함평 지역의 농산물이 유명해지면서 '농산물' 판매 수익도 증가했습니다.

④주제 이해 지역을 살린 함평 나비 축제의 예를 들면서 지방 자치 단체와 지역 주민이 힘을 모아 지역의 특색을 살린 지역 축제들이 늘어나 우리나라의 아름다운 지역이 많이 홍보되고 지역 경제에도 도움이 되면 좋겠다고 말하고 있습니다.

04	1 줄임말	2 ①
	3 ④	4 ④

106~107쪽

①글감 파악 아빠와 주인공은 '줄임말'에 관해 이야기를 나누고 있습니다.

②가리키는 말 알기 ㉠의 경우 바로 앞에 '줄임말'이 나오기 때문에 무엇을 가리키는 것인지 이해하기 쉽습니다. 하지만 ㉡은 전체적인 앞 내용을 파악해야 ㉡이 가리키는 것이 무엇인지 알 수 있습니다. ㉠과 ㉡이 공통으로 가리키는 것은 '줄임말'입니다.

③낱말 이해 줄임말이란 단어 일부분이 줄어든 말 혹은 여러 단어를 한 단어처럼 줄인 말입니다. 보통은 사회 구성원의 합의에 따라 사용하지만, 줄임말은 표준어가 아닌 비표준어입니다. 따라서 인터넷이나 게임 등에서 쓰는 줄임말은 비표준어입니다.

④내용 파악 줄임말을 사용하면 재미있고 친구들과 친해지는 느낌도 있지만, 나이든 어른들은 그 뜻을 이해하기 어려워서 세대 간에 소통이 힘들어지고 있다고 나옵니다.

05	1 스몸비	2 ③
	3 ④	4 ③

108~109쪽

①내용 파악 첫째 단락에 스마트폰을 보느라 느릿느릿 걸어다니는 사람을 '스몸비'라고 한다는 내용이 나옵니다.

②내용 파악 마지막 단락에 모바일 기기를 사용할 때 우리 뇌의 인지기능이 평소의 절반 이하로 떨어지기 때문에 길을 걸으며 스마트폰을 사용하면 위험하다고 나옵니다.

3 내용 파악 둘째 단락에서 스마트폰 사용에 따른 교통사고를 예방하기 위한 방법들이 소개되어 있습니다. 미국 하와이주 호놀룰루시에서는 길을 건널 때 스마트폰을 사용하지 못하도록 법으로 금지하고 있으며, 우리나라 서울시 성북구에서는 스마트폰 정지선을 만들고 건널목 앞에 스마트폰 사용으로 인한 위험을 알리는 글귀를 넣은 스티커도 붙였습니다. 벨기에는 스마트폰 전용 도로를 설치하여 보행자들이 안전하게 이용하도록 했고, 싱가포르는 건널목 앞에 발밑 신호등을 설치하기도 했습니다. 따라서 길에서 아예 스마트폰을 사용하지 못하게 금지했다는 ④는 잘못된 보기입니다.

4 주제 이해 길을 다닐 때 스마트폰을 사용하는 것이 왜 위험한지, 교통사고를 막기 위해 어떤 노력을 하고 있는지를 설명하는 글입니다. 따라서 '안전을 위해 보행 중 스마트폰을 쓰지 말아야 한다'고 말하는 ③이 글의 주제입니다. ④의 '스마트폰 때문에 세계 각 곳에서 교통사고가 자주 발생한다'라는 내용도 글에 나오지만, 글쓴이가 드러내고자 하는 핵심 주제는 아닙니다.

110~111쪽

06	1 **고사성어**	2 ①
	3 **해설 참조**	4 **사자성어**

1 글감 파악 '죽마고우', '사자성어', '관포지교' 등을 다 포함하는 단어는 바로 '고사성어'입니다. 이 글에서는 고사성어에 관해 설명하고 있습니다.

2 내용 파악 죽마고우와 관포지교는 모두 '친구 관계'에 관한 고사성어입니다.

3 내용 파악 글에서 소개한 우정에 관한 네 가지 고사성어의 뜻은 다음과 같습니다.

(1) 관포지교 · · (ㄱ) 어린 시절부터의 친구
(2) 지음 · · (ㄴ) 쇠를 끊을 정도로 힘을 모으는 친구
(3) 단금지교 · · (ㄷ) 마음이 통하는 좋은 친구
(4) 죽마고우 · · (ㄹ) 아주 돈독한 친구

4 낱말 이해 '사자성어'란 고사성어 중에서 네 글자로 된 것을 말합니다.

112~113쪽

07	1 **해설 참조**	2 ②
	3 ㄱ, ㄹ, ㄷ, ㄴ	4 ④

1 내용 파악

누가	우리 가족은
언제	주말에
어디서	유기동물 보호소에서
무엇을	봉사활동을 했다
어떻게	• 동물을 깨끗이 씻겨 주었다 • 우리 청소를 도왔다

2 내용 파악 첫째 단락을 보면 해마다 여름 휴가철이 되면 버려지는 동물들이 많다고 나옵니다.

3 내용 파악 소장님이 알려 주는 내용을 보면 유기동물 보호소에서 유기동물 관련해 일을 처리하는 순서를 알 수 있습니다. 유기동물 보호소에서는 주인을 잃거나 주

158

인에게 버려진 유기동물이 맡겨지면 우선 동물의 건강을 확인하고 보호합니다. 그리고 홈페이지에 7일간 유기동물을 공고하여 원래 주인 또는 새 주인을 찾아주기도 합니다. 일정 기간이 지나도 주인이 오지 않거나 입양되지 않으면 안락사시킵니다.

4 주제 이해 마지막 단락에 글의 주제가 나옵니다. 동물을 기르다가 힘들어지면 버리는 것이 아니라 생명을 끝까지 책임지고 보호하는 성숙함과 책임감이 필요하다고 글쓴이는 말합니다.

114~116쪽

08 도전! 긴 지문 읽기	1	생태통로	2	동물, 도로
	3	④	4	③
	5	해설 참조		
	6	(1) ○ (2) × (3) × (4) ○		
	7	④		

1 내용 파악 동물들이 찻길을 건너가 죽는 것을 막기 위해 지나다닐 수 있게 만든 다리 역할을 하는 것을 '생태통로'라고 합니다.

2 가리키는 말 알기 ㉠이런 비극의 앞 내용을 살펴보면, 산에 차가 다닐 수 있게 도로를 만들면서 동물이 그 도로를 건너다가 차에 치여 죽는 로드킬이 자주 발생하게 되었다고 나옵니다. 따라서 ㉠이런 비극은 로드킬, 즉 '동물이 도로를 건너다가 차에 치여 죽는 일'을 가리킨다는 것을 알 수 있습니다.

3 낱말 이해 생태통로 설치로 2006년 전국에 1,441건이었던 로드킬이 2014년에는 290건으로 숫자가 떨어

졌으므로 '감소했다'는 것은 '(수가) 줄었다'라는 뜻이라는 것을 추측할 수 있습니다.

4 원인과 결과 알기 생태통로는 동물의 안전을 위해 설치된 시설이지, 사람이 동물들을 피해 다니기 위해 만들어진 것이 아닙니다.

5 내용 파악 생태통로에는 주로 도심 인근에 설치되어 산책로와 겸용으로 사용되는 '육교형'과 배수로, 차량 통행용으로 사용하는 '터널형', 물고기들이 통과할 수 있게 댐이나 보 등에 만들어진 '어도', 새와 곤충이 이용하는 '징검다리식' 생태통로가 있습니다.

(1) 도심 인근에 설치, 산책로와 겸용 ── (ㄱ) 징검다리식

(2) 배수로, 차량 통행용으로 사용 ── (ㄴ) 육교형

(3) 댐 등에 만들어진 수로 ── (ㄷ) 터널형

(4) 곤충, 조류들이 이용 ── (ㄹ) 어도

6 내용 파악 육교형, 터널형, 어도 등 다양한 형태로 설치되는 생태통로는 현재 우리나라에 약 450개가 있다고 합니다. 우리나라 최초의 생태통로는 지리산 시암재에 설치되었습니다. 생태통로 덕분에 우리나라에서 발생하는 동물들의 로드킬은 2014년에 290건까지 감소했습니다.

7 주제 이해 글의 주제는 마지막 단락에서 찾을 수 있습니다. 생태통로가 잘 설치되어 불쌍하게 죽는 동물들이 더 줄고, 생태통로 말고도 동물들을 보호할 수 있는 아이디어를 더 많이 내야겠다고 생각했다는 글쓴이의 말

을 통해 '동물들을 아끼고 적극적으로 보호해야 한다'
라는 ④가 주제임을 알 수 있습니다.

117쪽

나만의 이야기 만들기 예시 답

줄임말	원래 말
별다줄	별걸 다 줄인다
인싸	인사이더
앗싸	아웃사이더
베프	베스트프렌드
깜놀	깜작 놀라다
안물안궁	안 물어봄, 안 궁금함
마상	마음의 상처

★줄임말 사용의 장점
1. 친구들끼리 이해하는 말을 쓰기 때문에 더 친해지는
기분이 든다.
2. 친구들과 스마트폰으로 문자나 메시지를 보낼 때 짧
게 글을 쓸 수 있다.

★줄임말 사용의 단점
1. 줄임말을 모르는 사람과 대화할 때 상대가 잘 이해
하지 못한다.
2. 단어의 원래 의미를 잊거나 줄이지 않은 원래 형태
가 잘 생각나지 않는다.

5과　과학과 환경

배경지식 확인하기　119쪽

〈가로〉 ❷ 자전 ❸ 코끼리 ❹ 정전기 ❺ 온난화
〈세로〉 ① 별자리 ⑥ 소화

120~121쪽

01　1 **코끼리**　2 (1) ○ (2) × (3) × (4) ○
　　3 ② 　　4 ③

① 글감 파악　글에서 계속 나오는 낱말은 '코끼리'입니
다. 코끼리에 관한 설명이 주된 내용인 것을 볼 때 이
글의 글감은 코끼리입니다.

② 내용 파악　첫째 단락에 '코끼리는 땅에 사는 가장 크
고 무거운 동물'이라고 나오고, '코끼리는 부채처럼 생
긴 커다란 귀와 긴 코, 상아라고 부르는 송곳니가 있는
것이 특징'이라고 설명하고 있습니다. 이를 통해 상아
가 있는 것은 코끼리의 일반적인 특징이라는 것을 알
수 있습니다. 따라서 아프리카코끼리만이 상아를 가지
고 있다는 (3)은 잘못된 것입니다. 둘째 단락에 코끼리
는 대식가여서 엄청나게 많이 먹기 때문에 하루 대부분
의 시간을 먹는 데 보낸다는 내용이 나옵니다. 마지막
단락에 코끼리는 혼자 지내지 않고 나이 많은 암컷을
우두머리로 하여 7~15마리 정도가 무리를 지어 생활
한다는 내용이 나옵니다.

③ 내용 파악　코끼리는 대식가여서 하루에 약 300kg(킬
로그램)의 풀, 열매, 나뭇가지 등을 먹고 100ℓ(리터)의
물을 마십니다. 비가 오지 않아 물이 부족한 건기에는
엄청나게 먼 곳까지 물을 찾으러 다니기도 합니다. 글

에 따르면, 코끼리는 하루에 세 번, 정해진 시간에 먹는 것이 아니라 하루 대부분의 시간을 먹는 데 보냅니다. 따라서 ②는 잘못된 내용입니다.

(4) 내용 파악 셋째 단락에서 코끼리 코의 역할에 관해 설명하고 있습니다. 코끼리는 코로 과일을 따거나 무거운 나무를 들기도 합니다. 날이 더울 때는 코로 물을 빨아들였다 몸으로 뿌리기도 하고, 위험을 알리거나 다른 코끼리와 대화를 할 때 소리를 내는 역할도 합니다.

122~123쪽

02	1 **화석**	2 ⓛ, ⓔ, ⓒ
	3 ①	4 (1) **생물** (2) **환경**

(1) 글감 파악 화석이 무엇인지, 어떻게 만들어지는지, 화석을 통해 알 수 있는 사실이 무엇인지 등, '화석'에 관해 설명하는 글입니다.

(2) 내용 파악 생물이 죽으면 그 위로 흙이 오랜 세월 층층이 쌓여 단단한 지층이 생기고, 그 지층 안에 묻힌 죽은 생물도 돌처럼 딱딱해지는데, 이것이 화석입니다. 화석은 지층이 깎여 나가면서 발견되거나 땅을 파서 찾아냅니다.

(3) 내용 파악 화석은 크기와 형태가 다양합니다. 화석의 크기는 우리가 눈으로 확인할 수 있는 정도의 것도 있고 현미경으로 관찰해야 보이는 작은 것도 있다고 합니다.

(4) 내용 파악 화석을 통해 옛날에 지구의 어떤 지역에 어떤 생물이 살았는지, 또 화석이 만들어진 시대의 환경

이 어땠는지 알 수 있습니다.

124~125쪽

03	1 **태풍**	2 ③
	3 **태풍, 눈**	4 (1) × (2) ○ (3) ○ (4) ×

(1) 글감 파악 글에서 계속 나오는 낱말은 '태풍'이며, 글 전체에서도 태풍에 관한 내용을 다루고 있습니다.

(2) 내용 파악 태풍은 발생하는 곳에 따라 허리케인 또는 사이클론이라고도 불립니다.

(3) 내용 파악 '태풍의 눈'은 태풍의 중심으로, 구름도 없고 아주 고요하고 평온합니다.

(4) 내용 파악 호주의 기상 예보관이 태풍에 싫어하는 정치가의 이름을 붙이기 이전에는 태풍에 번호를 붙여 불렀습니다. 현재 태풍의 이름을 결정하는 것은 14개국으로 조직된 태풍위원회입니다. 태풍이 올 때 몰고 오는 바람 때문에 나무가 뽑히기도 하고 자동차나 집 지붕이 날아가기도 합니다. 태풍이 오면 보통은 큰 피해를 보지만, 태풍은 가뭄을 해소해 주고 바닷속에 산소를 공급해서 바닷속 생물들이 살 수 있게 하는 역할도 합니다.

126~127쪽

04	1 ④	2 ③
	3 (1) ○ (2) ○ (3) ○ (4) ×	
	4 **해설 참조**	

① 글감 파악 이 글은 별자리에 관해 다루고 있습니다. 북극성에 관해서도 설명하고 있지만, 북극성도 별자리를 설명하는 데 필요하기 때문에 나오는 것입니다.

② 내용 파악 북극성은 지구 자전축 위에 있어서 움직이지 않고 고정된 것처럼 보여 길잡이 역할을 하는 별입니다. '계절에 따라 볼 수 있는 계절별 별자리'라는 ③은 완전히 잘못된 설명입니다.

③ 내용 파악 별자리란 밤하늘에 보이는 별을 몇 개씩 연결해 모양을 만들어 이름을 붙인 것으로, 신화 속 인물이나 동물, 물건의 이름이 붙어 있고, 국제적으로 인정하는 표준 별자리는 총 88개입니다. 우리나라에서 봄, 여름, 가을, 겨울 계절마다 볼 수 있는 별자리는 각기 다릅니다.

④ 내용 파악 글 아래에 있는 표에서 계절별 별자리를 확인할 수 있습니다.

별자리 이름	사자 자리	쌍둥이 자리	거문고 자리	물고기 자리
계절	봄	겨울	여름	가을

128~131쪽

05 1 ④   2 ③
3 (1) **모양** (2) **부피** (3) **액체** (4) **기체**

① 내용 파악 기온이 내려가서 공기 중에 포함되지 않은 수증기는 서로 엉겨 붙어 물방울과 같은 이슬로 바뀝니다. 지구 밖으로 사라진다는 내용은 없습니다.

② 내용 파악 여름에는 기온이 높아서 공기 중에 수증기가 많은데 밤이나 새벽이 되어 기온이 낮아지면 공기가 수증기를 많이 가지고 있을 수 없기 때문에 나머지 수증기는 엉겨 붙어 물방울 같은 이슬로 바뀝니다.

③ 요약하기 고체는 손으로 잡을 수 있는 것입니다. 물이 얼어 딱딱해진 얼음처럼 고체는 일정한 '모양'과 '부피'를 계속 유지합니다. '액체'는 흐르는 성질이 있고, 담는 그릇에 따라 모양이 변하지만, 일정한 부피를 유지합니다. 일정한 모양이 없고 부피가 쉽게 변하며, 손으로 잡을 수 없고, 대부분 눈에 보이지 않는 것을 '기체'라고 합니다.

130~131쪽

06 1 ④   2 ②   3 ④
4 **첫째: 세탁할 때 섬유유연제 사용
둘째: 정전기 방지 스프레이 뿌리기**

① 내용 파악 물체와 물체가 만나 마찰이 생기면 물체는 전기를 띠게 되는데, 이 전기가 움직이지 않고 한곳에 모이면 정전기가 발생합니다. 정전기는 여름보다는 겨울에 특히 자주 발생하는데, 이는 겨울이 여름보다 건조하기 때문입니다. 일반적으로 정전기는 우리 몸을 통해 흐르지는 않기 때문에, 위험하지 않을까 걱정하지 않아도 된다고 합니다.

② 내용 파악 글의 두 번째 단락의 마지막 문장 '정전기는 여름보다 건조한 계절인 겨울에 특히 자주 발생하지요'에서 '공기가 건조할 때' 정전기가 발생하기 쉽다는 것을 알 수 있습니다.

③ 내용 파악 ㉠ 앞에는 정전기가 우리 몸을 흐르지 않기 때문에 걱정하지 않아도 된다고 하는데, 그 뒤에 정전기를 걱정하지 않아도 되지만 언제나 안심할 수 있는 것은 아니라고 나옵니다. 앞뒤 문장이 서로 다른 말을 하기 때문에 '하지만'이라는 접속사가 들어가야 문장의 연결이 매끄럽다는 것을 알 수 있습니다. ㉡ 뒤의 내용은 앞 문장 내용에 관한 '결과'라고 볼 수 있습니다. 알코올이나 화약을 취급하는 곳에서 발생하는 정전기는 매우 위험할 수 있기 때문에 정전기 방지를 위한 옷이나 신발을 신기도 하는 것이죠. 따라서 '그래서'가 들어가야 알맞습니다.

④ 내용 파악 글의 마지막 단락에서 답을 찾을 수 있습니다. 세탁할 때 섬유유연제를 사용하고, 옷을 입고 나서 정전기 방지 스프레이 등을 뿌리면 좋다는 내용이 나옵니다.

지구 생태계의 30% 정도가 멸종될 수 있다고 한다. 즉, 몇 십 년 뒤에는 현재 멸종위기종으로 지정된 귀여운 수달이나 바다사자가 완전히 사라져서 아예 못 보게 될 수도 있다"에서 '멸종'의 뜻이 어떤 생물의 종이 완전히 '사라지는' 것임을 알 수 있습니다.

③ 원인과 결과 알기 지구온난화는 우리가 사용하는 석탄, 석유, 가스 등의 화석연료가 '이산화탄소'와 같은 '온실가스'를 배출해서 이 온실가스 때문에 지구 내의 열이 밖으로 빠져나가지 못하면서 발생하게 됩니다.

④ 내용 파악 마지막 단락에 지구온난화를 막기 위한 실천법이 소개되어 있습니다. 일상에서 사용하는 일회용품을 자제하고 생활 쓰레기를 줄이며, 친환경 제품이나 재활용 제품을 이용하는 것을 권하고 있습니다. 또한 에너지 절약을 위해 대중교통을 이용하고, 여름철 실내 온도는 26도, 겨울에는 18~20도로 유지하도록 권하고 있습니다.

132~133쪽

07	1 ④	2 ㉠ 올라가 ㉡ 사라지
	3 이산화탄소, 온실가스	4 ④

① 글감 파악 이 글에서 가장 자주 나오는 낱말이 바로 '지구온난화'입니다. 또한 지구온난화의 원인과 그로 인해 발생하는 문제, 지구온난화를 막는 방법에 관해 설명하는 글이므로, 이 글의 글감은 '지구온난화'입니다.

② 낱말 이해 "지구 온도는 지난 100년간 0.7도 이상 상승했는데, 지구 온도가 1도 올라가면"에서 '상승'의 뜻이 아래(낮은 데)에서 위(높은 데)로 '올라가는' 것임을 추측할 수 있습니다. 그리고 "지구 온도가 1도 오르면

134~136쪽

08 도전! 긴 지문 읽기	1 영양분	2 십이지장
	3 ④	4 (1) ○ (2) × (3) ○ (4) ×
	5 위, 십이지장, 소장, 대장	

① 낱말 이해 소화는 "우리가 먹은 음식을 씹거나 으깨어 흡수하기 쉽게 '영양분'으로 바꾸는 과정"이라고 나옵니다.

② 내용 파악 '십이지장'은 위와 소장을 이어주는 길로, 쓸개즙과 이자액이 나와서 소화를 돕습니다.

163

③ 내용 파악 소화는 우리가 먹은 음식을 씹거나 으깨어 흡수하기 쉽게 영양분으로 바꾸는 과정으로, 글에는 위 뿐 아니라 입과 소장, 대장도 소화기관이라고 나옵니다. 간에 관한 설명은 글에 나오지 않습니다. 참고로, 간은 해독(독을 없앰) 및 살균(균을 죽임)작용을 하는 기관입니다.

④ 내용 파악 음식물이 위로 내려가면 위액이 음식물을 녹여서 분해하는데, 이 과정은 음식물을 영양분으로 바꾸는 소화 작용의 일부이므로 (1)의 내용은 맞습니다. 입 안의 침은 음식을 여러 번 씹어 걸쭉하게 만들어 삼키기 쉽게 만듭니다. 따라서 (2)의 내용은 틀립니다. 영양분은 혈액을 통해 우리 몸의 구석구석으로 전달되므로 (3)의 내용은 맞고, 영양분이 다 빠지고 남은 찌꺼기가 똥이므로 (4)은 잘못된 것입니다.

⑤ 요약하기 첫 번째 소화 기관은 '입'입니다. 입으로 들어간 음식물은 '식도'를 통해 '위'로 들어갑니다. 위는 주머니 모양으로 생겼는데, 거기서 분비된 위액으로 음식물을 녹여서 분해합니다. 위와 소장을 이어주는 '십이지장'에서 쓸개즙과 이자액이 나와 소화를 돕습니다. 그런 다음 '소장'에서 영양분을 흡수하고, '대장'에서는 남은 수분을 흡수합니다. 아무 영양분이 없는 찌꺼기가 똥이 되어 몸 밖으로 배출됩니다.

나만의 이야기 만들기 예시 답

★신기한 부위/기관 1: 코
★생김새:

★특징/역할:
1. 콧구멍이 두 개 있고, 그곳으로 냄새를 맡을 수 있어요.
2. 콧속에는 코털이 잔뜩 나 있어서 바깥의 먼지를 걸러줘요.
3. 코감기에 걸리면 콧물이 흘러나와요. 코가 막히면 냄새도 못 맡고 숨도 잘 못 쉬어요.

★신기한 부위/기관 2: 배
★생김새:

★특징/역할:
1. 속에 위, 대장, 소장 등 여러 기관이 들어 있어요.
2. 음식을 잔뜩 먹으면 배가 부풀었다가, 배가 무척 고프면 홀쭉해져요. 배의 가죽이 늘었다가 줄었다가 해요.
3. 배에는 움푹 들어간 배꼽이 있어요. 배꼽은 원래 엄마 배 속에 있을 때 산소랑 영양분을 전달해 주었던 탯줄이 있던 자리예요.

메모장

메모장

메모장

메모장